TRACE

一座城市、一個影像、一段見聞、一首詩……
在 **TRACE** 系列裡，一個新發現，就是一個美麗新世界

如同 **TRACE** 這個字的涵義，是微觀的探索，是過往的痕跡
是一個清晰的圖樣與描述，也是一段追蹤、回溯與新發現

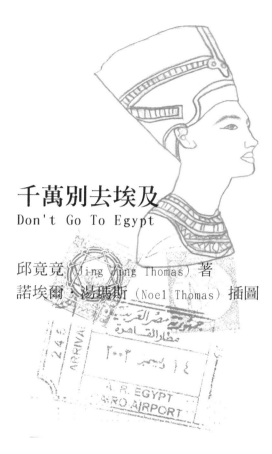

千萬別去埃及
Don't Go To Egypt

邱竟竟（Jing Jing Thomas）著
諾埃爾‧湯瑪斯（Noel Thomas）插圖

給我的父親母親，我的先生和孩子們
For My Father, Mother and my Family

Contents
目錄

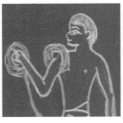

目錄
Contents

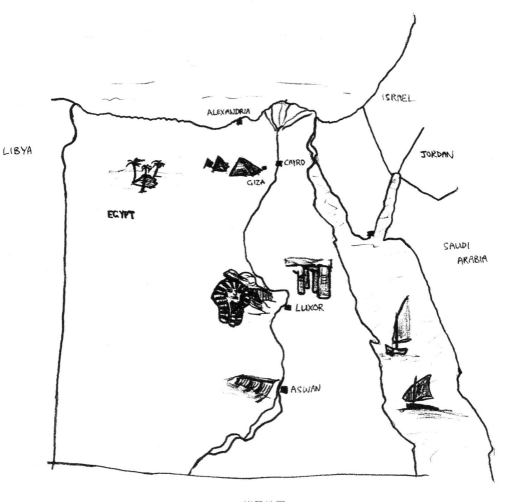

LIBYA

ISRAEL

JORDAN

ALEXANDRIA

CAIRO

GIZA

EGYPT

SAUDI
ARABIA

LUXOR

ASWAN

埃及地圖

Perface

作者序

　　我本來沒有打算寫這本書，事實上，我本來根本就沒有打算去埃及。如果讓我選擇去旅行的城市，那恐怕會是羅馬、巴黎、愛丁堡、蒙特利爾、京都……，至於埃及嘛，多半要排在後面了。

　　埃及有什麼？不就是有一條叫做尼羅（Nile）的大河，有幾座大山一樣的金字塔，有許多裹著黑紗的女人和穿著長袍的男人。我為自己找出若干條「不去」的理由。

　　可我的兒子想去埃及，他說那裡有隱藏著的人類的秘密。

　　於是，我們全家都去了埃及。不是為了去尋找什麼「隱藏著的人類的秘密」，　而是為了滿足孩子們因為「秘密」激發起來的好奇心，這種與生俱來的可貴欲念將會不幸地隨著年齡的增長，自然而然地一點點消逝。也為了我們自己，在阿姆斯特丹正值寒冬的時節，躲避開綿綿陰霾的細雨，去埃及追隨溫暖的陽光，倒也是個不錯的主意。

　　當年英國的伯爵卡納馮（Canarvon）正是在醫生的建議之下到埃及過冬，才在所有偶然之中的必然裡發現了震驚世界的圖坦卡門

（Tutankhamun） 墓道。

　　而我們呢？Well，就我們個人的意義來說，埃及之行為我們展現出來的驚訝和喜悅，並不亞於卡納馮伯爵第一眼看到陵室裡閃亮的純金面罩時的感受。

　　不過，當然了，一開始計劃此次旅行時，我們並未意識到埃及是個如此豐富多采的地方。我們想當然地認為，去一個星期，遊兩個城市，隨身帶上輕便的超薄數位相機拍一些「到此一遊」的家庭照片便足夠了。充其量，這不過是一次寒假例行出遊，沒有什麼特別的既定目的既定方針既定安排，隨心所欲就好。

　　結果，到了埃及很快就發現了，只用一個星期的時間去遊歷這個蘊育了數千年輝煌文明的地方，實在是有點過於匆促只去兩個城市走馬觀花地看一看，便想懂得這個歷經了希臘波斯羅馬拜占廷法蘭西英國文化浸潤的國度，未免失於偏頗；只帶上一隻簡單的數碼傻瓜相機，便以為能夠記錄反差巨大的古今歷史風景，簡直就是不知天高地厚。我懊喪地想到我們最近才買回來的那架CanonEOS300D專業數位相機，因為它實在太重了，所以我們便把它留在了家裡，大概它正蜷縮在我們阿姆斯特丹家裡暖氣烘烘的客廳書架上，百無聊賴地打著瞌睡。

　　唉，坐在回程的飛機上，我無可奈何地意識到，我還得重遊埃及，我必須重遊埃及，因為「我還有那麼多地方沒有來得及去，還有那麼多東西沒有來得及吃，還有那麼多秘密沒有來得及弄明白，還有那麼多⋯⋯」（這句話來自我書裡第八章的一個段落）。

　　度假回來之後，我幾乎是忍耐不住地對每一個碰到的熟人喋喋不

休地談起埃及，就像魯迅筆下的祥林嫂，逢人便說：「我真傻，真的，我單知道雪天是野獸在深山裡沒有吃食，會到村裡來……」

自然嘍，我說的是，「你沒有去過埃及嗎？你沒有看過金字塔嗎？哦，你真應該去那裡見識一下。要知道，金字塔旁的人面獅身（Sphinx）也許並不像中學教科書上說的那樣只有5000年的歷史，現在有很多科學家根據她的基座的腐蝕狀況推論，她至少在埃及歷史上最後一次雨季的早期就已經形成了，也就是說，她迄今已經有一萬兩千年高齡了！還有人斷言，在她的雙腳底下掩埋著一個巨大的建築群，那裡面藏有寶貴的原始記錄，如果能找到它，人類便可以對史前時代有更多的認識。啊哈，說不定這就是我兒子的老師告訴他所謂隱藏的人類秘密。」

「噢，你簡直難以想像神廟裡的壁畫細節有多完美，還有那些濃鬱的色彩，至今美艷如昔。據說是因為顏料裡攪和了蜂蜜，相信麼？真的有人將鼻子湊到跟前去聞呢！不管怎麼說，它們會使你感動，就好像重溫了各式各樣的埃及古代的神話。」

「如果你去埃及，我建議你選擇個好日子，聽說尼羅河一年一度的洪水氾濫絕對是值得親眼目睹的最壯觀的景象。」

「千萬別從來歷不明的小販手裡購買那些號稱是古董的陶器、瓷器，如果它們是假的，你白白花了很多錢，如果它們是真的，你將為此去坐牢，兩樣都不值得。」

「你知道開羅街道的混亂足以使任何神智健全的人發瘋嗎？不過你一旦習慣它以後，你說不定會將它歸納為是開羅的魅力之一呢。」

……

I　A Dubious Choice

可疑的選擇

從阿姆斯特丹飛往開羅的飛機上。

乘客不多,三三兩兩地深陷在寬大的座椅裡,不苟言笑,也似乎不打算做任何努力,使自己的面孔和旅途變得生動一點。這便是典型的歐洲飛機上氣氛,各自為政,冷漠而又有禮,互相不越雷池一步。

相比之下,美國飛機的客艙顯然熱鬧多了。左鄰右舍的乘客們,還沒等屁股坐熱,便已天南地北地攀談起來,熟絡得像是多年的朋友。當然,當他們的雙腳一踏出艙門,便會瞬間將彼此拋向腦後。美國人永遠有著一股銳不可當向前看的瀟灑,絕不會讓任何過去式絆住自己的腳步。

我已經相當習慣這樣的歐洲旅行方式,甚至暗暗喜歡上這種風格,它使我有足夠的時間和空間讓大腦一片空白,而對我來說,是平日難得的奢侈。

可惜,這一次,我一如既往,並不是單獨旅行。

我隨身跟著三個「孩子」,我十四歲的大兒子、十二歲的小女

兒，和在某些方面永遠長進不大的我四十多歲的丈夫。據說，在義大利的西西里，八十歲的女人照顧六十歲的小孩，是司空見慣的事情。

兩個孩子一上飛機，便立即察看座椅扶手下的遊戲機裝置，沒有找到他們認為應該有的東西，便皺著眉頭向我撇嘴，還好，當日航班提供的娛樂節目表上，有幾部挺不錯的新片，多少算是補償。儘管機艙內靜悄悄的，他們還是用手勢和耳語熱烈地討論該先選看哪一部電影。

這些被現代科技寵壞了的小傢伙，完全想像不到他們的爹媽當年乘坐東方列車橫貫亞歐大陸時，唯一打發時間的娛樂，除了與素昧平生的陌生人交談，便是將頭探出窗外，在冷冽的涼風吹打下，默數天上的星星。

「The Italian Job，」我的大兒子用無庸置疑的口氣說，「我有些朋友已經看過了，都說好看。」說罷，從身旁的座位扶手下拉出裝置，自顧自地調起頻道來。

我的小女兒沒有再說什麼，卻也沒有附和著哥哥，而是悄悄地為自己選了一部叫作《Johnny English》的輕喜劇片。

我沒有參與他們的討論，卻將鼓勵的目光拋向小女兒。

我真是看著她一天天長大，從對哥哥的盲目崇拜中慢慢地擺脫出來，逐漸有了自己的意識，偶爾還會以一種以柔克剛的方式，嘗試與哥哥不慍不火地小小地抗衡一下。

我丈夫則從一開始，便在空中小姐的推車上挑出一大堆英文報紙和雜誌，將自己徹頭徹尾地埋進這個世界的各式各樣新聞之中。

我大概是我們全家最懂得抓緊時間做白日夢的人。

　　我從空中小姐送來的飲料中，選了一杯香檳，不慌不忙地一飲而盡，然後伸了個懶腰，放平座椅，讓自己的身體舒展在瀰漫著淡淡酒香的空氣裡，享受著無所事事的愜意。

　　「什麼？你要去埃及度假。」

　　幾乎我所有朋友在聽到我說要在聖誕節前去埃及過寒假時，都大驚小怪地叫起來。

　　「怎麼了？我又不是去地獄。」我不明白她們到底擔心什麼。

　　「當然，當然，埃及有五千年的文明，有金字塔，有駱駝……可是別忘了，就在前不久，恐怖分子一下子射殺了七十多名遊客！」她們有憑有據。

　　這倒是事實。

　　1997年，正當一群快樂的遊客，這當中說不定就有你我熟悉的張三李四的朋友的朋友，在埃及的古城盧卡索，圍著哈塞普蘇特的葬祭殿嘖嘖讚嘆時，一群手持機槍，不知從哪鑽出來的恐怖分子，突然朝著密集的人群發瘋似地掃射，當場打死了七十多人，其中包括日本人、德國人、瑞士人、埃及人和兩名地方警察。

　　活生生的眾多性命，就在這一彈指之間，莫名其妙地消殞了。

　　據說，這群恐怖分子事先發過警告，他們說，不要到埃及旅遊；不要為埃及現在這個混蛋透頂的政府提供任何旅遊收入；你們這些外國蠢佬完全不知道穆巴拉克（這位76歲的總統自1981年沙達特(Anwar Sadat)遇刺後以副總統身份接任總統迄今）正在用這些錢屠殺我們伊

斯蘭人；我們必須以血還血；我們必須執行血腥的五年計劃；我們必
須建立純粹的穆斯林國家；紅色恐怖萬歲；你們這些自動撞上槍口的
倒霉笨蛋們；……。

「It won' t be the last!」（這才僅僅是開始）事後，他們更是惡狠狠
地補充著。

多麼恐怖，還沒完沒了呢。

可見，我朋友們的擔心不是沒有道理的。

不僅如此，除了這些有組織有計劃有綱領有策略的「正規軍」恐
怖團伙之外，還有不少懷揣各式各樣奇奇怪怪目地的，專門襲擊外國
遊客的「散兵游勇」，也跟著湊熱鬧。

我的另一位閨中密友，在我臨行之前，也不失時機地為我打退堂
鼓。她說，「你有沒有聽說在埃及博物館門前往旅遊巴士上扔炸彈的
事？」

「沒有。」我心虛地說。我一向孤陋寡聞，特別是對那些自己不

願意知道的消息。

「唉，」她嘆了口氣，「這麼大的國際新聞你都不知道。埃及博物館打不打算去？」

「當然，那是收藏埃及古文物最多的地方。」我回答。

「別去了！」她用不由分說的口氣說，「小心被炸死！」

「哪就那麼巧？」我說，隨即又有點惡作劇地反問，「你有沒有聽說在上海的大樓底下走路，被花盆砸死人的事？」

「你又在編故事。」我的女友瞪著眼睛打量我。

「真的，我剛從唐人街上買來的中國報紙上看到的。一個人走在高樓底下，忽然被上面掉下來的花盆，不是掉下來的餡餅，正好砸到，送醫院途中死亡。後來家屬調查到底是誰家的花盆，沒人承認，他們只好將整棟大樓住戶告上法庭，結果呢，法庭居然判了整個大樓住戶一起賠償，各家分攤。」我也有來源，有出處。

「OK，那又怎麼樣？我只是好心好意地勸你，你真要執迷不悟，我也沒有辦法。」我的女友洩氣地說。

「好啦，我洗耳恭聽。」我做出一副認真的樣子。

女友說，就在開羅博物館門前，三名持槍和炸彈的恐怖分子突然阻截了一輛正駛來的旅遊巴士，炸死開車的埃及司機和九名德國旅客，很多人受了傷。據說後來抓到了兩個埃及人，是兄弟倆，他們在法庭上為自己辯護說，他們不屬於任何組織，是獨立行動者，他們的目的就是遵奉偉大阿拉的旨意，懲罰歐洲，保衛伊斯蘭的。可惜的是，死亡的遊客中沒有一個是猶太人，他們面不改色心不跳地最後補充著。

「如果你不信的話，自己去翻翻雜誌。」女友順手揀出來一本雜誌。

我沒有什麼可不信的，這種事情在世界上每個角落、每分鐘都有可能發生，特別是最近幾年。

生命變得越來越有價值，或者說，生命變得越來越沒有價值。

Who knows？

沒準哪天恐怖分子決定轟炸富蘭克夫中央火車站，製造一起歐洲鐵路幹線癱瘓的聳人新聞；沒準哪天恐怖分子計劃在盧森堡熱鬧的商業大街掃射行人，釀成一宗流血慘案；沒準哪天恐怖分子劫持一架瑞士航班的飛機，將機上的全體乘客一個接一個地從窗口扔向大海；沒準哪天恐怖分子秘密潛入比利時的布魯塞爾城市水塔，撒進一些令人頭上長瘡腳下流膿的化學藥品；沒準哪天你正坐在家中看電視，突然一聲巨響，隔壁的大樓鋪天蓋地的傾壓下來⋯⋯。

還是那句話，哪那麼巧就偏偏讓我遇上了？

我至今仍是個樂天派，逛商店，上圖書館，去游泳池，到海邊晒太陽，開車在鄉間路上兜風，追趕野兔，看日出日落，撈螃蟹，該幹什麼幹什麼。

再說，去埃及的念頭，我十年前就有了，現在不去，更待何時？等恐怖分子把金字塔夷為平地嗎？

我的另一位朋友，剛從埃及回來，倒是給我一些頗為有用的忠告。

她至今心有餘悸，對我說，「千萬別對任何你想買的東西表示出興趣，不然，你會被小販們用貨物將你淹沒。」

　　她的話一點不假，因為有照片為證，那是她先生為她拍的。

　　照片上，我這位朋友正被街道上穿長袍的埃及小販們所包圍，只見她一手托著一只阿拉伯花瓶，另一隻手握著一個銀製的蘇丹夜壺，腳上踏著小羊羔皮靴，頭上戴著一頂駱駝毛的氈帽，身上斜跨著一把亮閃閃的長劍，頸上掛著五顏六色的寶石項圈，雙眼迷惑，滿臉傻笑，殷勤的小販仍在爭先恐後地捧著各式不同的貨物往她懷裡送，……。

　　活生生一只甕中之鱉，正等著被人放血呢！

　　「還有，千萬別冒冒失失地騎上駱駝，一定要在地上講好價錢……」她的話剛說了一半，她那位性急的丈夫便插上嘴來，「乾脆別騎駱駝，那麼高的傢伙，你一旦上去，根本就下不來，直到你給夠了錢為止。」

　　「還有，口袋裡永遠要備有零錢，不能相信小販們會找錢給你的謊話。你一旦將一張二十美元的票子交到小販手裡，他說沒零錢找，要去幫你換零錢，然後就消失得無影無蹤，一個小時都不會回來。你又不會為二十美元站在那兒等上半天，最後只好自認倒霉。」朋友顯然仍舊耿耿於懷。

　　「還有……」

　　直到我聽得心裡七上八下，六神無主，趕緊撕下一張白紙，誠惶誠恐地記下來：

　　不要對感興趣的東西表示興趣，不然你會被那些貨物淹沒；

　　不要騎駱駝，不然你上去就下不來了，哪怕你急著要上廁所；

　　不要使用二十元的鈔票去買五毛錢的東西，它必定是有去無回；

不要吃街上賣的東西，它們的別名叫「拉稀食物」；

不要沒講好價錢就登上計程車，結局一定是被宰無疑；

不要不讀一點歷史就跑到埃及，否則你只會看到一堆石頭和幾個棺材；

不要……。

在我的一群好友的強大攻勢之下，我去埃及的滿腔熱情正眼看著被一點點摧毀，可是，機票已經買好，酒店已經預訂，連從開羅去盧卡索的往返火車臥鋪都已經交了50%的定金，最最重要的，我已經在孩子們面前將埃及的古文化形容得燦爛如花，做父母的總不能出爾反爾吧。

於是，我搬出了一向救命的阿Q精神，將所有有關埃及的負面故事一股腦地拋向腦後，假裝壓根就沒有聽到過它們，按部就班地，攜兒帶女，如期登上了從阿姆斯特丹飛往埃及的飛機。

此時此刻，我們的飛機正翱翔在白雲藍天之際，晴空萬里，一片好兆。

我在一口氣喝下兩杯香檳之後，仍舊醉意倦意全無，閒得無事，便把空中小姐送來的菜單，翻來覆去地研究了半天，思忖著待會兒吃晚餐時是點紅酒燜牛排還是意粉烤鵝做主菜。

我先生突然從背後探過頭來，問我：「這裡有一篇報導，有關埃及的，妳要不要看？」

關於埃及的報導？天啊，是不是又有什麼人扔炸彈了？我連忙接過我先生遞過來的報紙，一目十行地讀下去。

這一讀，還真嚇了我一跳，倒沒有什麼人扔炸彈，不過，看上去

比扔炸彈還要糟糕。一個剛在埃及度完假的遊客，乘飛機回家的途中，突然在機艙內暴跳如雷，並揮舞著刀叉，威脅其他乘客的安全。飛機不得不被迫降落，將這位神經錯亂的乘客立即送往醫院，全體人員也隨之耽擱了航程。報上說，此人恐怕得支付航空公司一筆賠償，而據醫院的檢查結果，這個人以前從來沒有患過精神病，沒有歇斯底里症家族遺傳歷史，沒有失戀，沒有失業，沒有酗酒習慣，沒有嗑藥的跡象，沒有大小便失常……，他之所以神志錯亂，是因為高度「沮喪」。

高度「沮喪」？從埃及旅遊回來的路上？

我的後脊梁骨一陣陣發涼，太可怕了，為什麼?!

就因為不知道為什麼，或者說，就因為隱隱感覺得到為什麼，才讓人更加心神不安。

唉，太晚了，我們已經快飛到埃及了，現在只好求老天爺保佑，使我們遊完埃及之後，不要由於「高度沮喪」而變成大瘋子小瘋子，再花上一筆錢，請精神醫生心理醫生治療一段日子。

吃晚飯時，我又要了一杯紅酒，然後借著酒力迷迷糊糊地睡了過去。

一覺無夢。

快到開羅機場時，我自動醒了。

並且立即精神大振。

我能感到飛機正在徐徐降落，從窗口望下去，整個開羅閃耀璀

璨，當地時間正是晚上六點，人間一片萬家燈火。

開羅機場卻不可恭維。

這座非洲第一大城市的國際機場，我原以爲它應該像阿布達比（Abu Dhabi）機場那樣金碧輝煌，充滿了阿拉伯異國情調。

想想看，僅旺季一個月的遊客流量便有五十萬人次，這些人的吃喝拉撒、景點門票、酒店收入、交通費用，便能爲埃及政府的國庫增加相當可觀的外匯，他們應該用收入的一部分，將遊客們進出的門戶裝修得漂亮一點。

可事實上，開羅機場卻是簡單＋醜陋，令人大失所望。

我們還沒有簽證，臨行時諮詢埃及大使館，我們可以在到達機場時辦理落地簽證。

我們東張西望，試圖發現看上去類似簽證處的地方。

可是一直走到快接近海關出口之處，也沒有看到任何標有「VISA」的字樣，只有零零落落的幾個免稅商店，無精打采地正準備打烊，再有便是出關口附近一排侷促地擠在一起的外幣兌換處，好像街頭那種公私曖昧的經營場所，使人望而卻步。

我碰碰我先生的胳膊肘，低聲說：「不要在這種地方換錢，小心上當。」

我先生同意地點點頭。

可我們要辦簽證啊，不然怎麼出去。

我們又仔仔細細地將四周打量了一番，還是看不到一間體面的櫃檯，不要說櫃檯，就連一般機場通常有的服務台、咖啡座、快餐座、租車服務台、銀行、書報亭、酒店介紹處也沒有。是我們匆匆趕路錯

過它們了呢？還是它們碰巧都被設計在旅客們看不到的偏僻角落？

　　沒人知道。

　　毫無生氣的長長甬道裡，唯一可以找人詢問的地方只有那一排外幣兌換處。穿長袍的埃及人笑容可掬地高聲招呼著：「要換外幣嗎？」的那份熱情，那裡面張貼的花花綠綠的旅遊廣告，那種兼代推銷導遊業務的可疑方式，都使我們遲疑不前。

　　最後，我先生還是硬著頭皮走過去，問他們是不是知道哪裡可以辦簽證。

　　埃及人臉上的笑容隨即消失了一半，很不情願地往左手一指，原來簽證處就在眼前，只不過被排擠在最邊上一間不起眼的窄屋裡。

　　我們趕緊走過去，還沒等開口，裡面一個倦容滿面的大鬍子便隨

開羅夜景

口拋出，「每人十五美元。」

　　大人小孩一律每人十五美元，這是我們來時已經查詢過的，看來這個最不像簽證處的地方正是政府的機場簽證處，眞是「人不可貌相」。

　　我先生趕緊把錢遞過去，換回來幾張小小的好像郵票一樣的東西，在大鬍子的示範下，將它們用唾沫貼在每個人的護照上，然後加入了出關的隊伍。

　　剛一邁出海關，立即有一位中年埃及人，沒有穿長袍，而是身著襯衫領帶，胸前掛著一張印有照片的證件，非常有禮貌地用英文問我們，「請問你是……」

　　「Noel。」我先生答道，剛一出口，隨即後悔。

　　「哈羅，Noel，歡迎來埃及旅遊，你們的計程車已經爲你們備好，請上車吧。」

　　「噢，對不起，我還沒有換錢呢。」我先生連忙解釋。

　　「不要緊，不要緊，您可以付美元、歐元、英鎊，沒有問題。」他回答得又誠懇，又體貼。

　　「那麼車費是多少呢？」我先生問。

　　「三十美元。」他答道。

　　三十美元，聽上去還行，也不知道開羅市中心離機場到底有多遠，不過從阿姆斯特丹市區到機場我們至少得付多一倍的錢，而六個月之前去韓國時，我們在漢城機場乘計程車到市中心，竟花去我們一百多美元。

護照上的埃及簽證

　　我先生很快從口袋裡掏出錢付給那人，他隨即一招手，旁邊便上來一個人，顯然是司機，將我們帶出機場。

　　上了計程車，司機便問，「哪一間酒店？」

　　「哪一間酒店？Marriott，你不是酒店派來的司機嗎？」我先生有點納悶。

　　「唔。」那人支吾了一聲，便不再開口了。

　　任憑我們怎樣用英語問他，他都好像從來沒有聽說過這種語言似的，完全又聾又啞。

　　我和我先生互相交換了一下眼色，心中覺得好生奇怪。

　　夜晚的開羅看上去蠻漂亮的。

　　特別是從機場通往市中心的要道上，大大小小的圓形拱頂清眞寺和此起彼伏的現代化高樓大廈，在耀眼的燈飾烘托下，顯得十分華美。

　　夜幕還沒有完全降臨，天空冷靜得像一塊巨大的暗藍色寶石，不動聲色地悄悄隱去那些醜陋陳舊的建築物。

　　這便是夜晚的好處。

　　二十分鐘左右我們的車開始進入市中心的擁擠馬路，一切突然像亂了套一樣，大車小車各行其道，完全沒有交通章法。我們開始感到恐慌，正不知道是該下車還是下地獄時，謝天謝地，Marriott酒店顯著的霓虹燈隔著河岸，像救星一般赫然出現在前面。

　　選擇Marriott作為我們下榻的酒店，是因為它是埃及歷史最悠久的酒店，有一百多年的歷史，是當年蘇伊士運河落成典禮時，專為法國王室來埃及剪綵而修建的。所以它既是酒店，又是歷史博物館，據說入住其間，就連吃飯睡覺這類日常例行的生活瑣事，都會在它美輪美奐的環境中變得非比尋常。

　　可接下來的事情卻令我們錯愕不已，酒店正面大門，儼如美國入境海關那樣，警衛重重，戒備森嚴，安全檢查層層守護，好像大軍壓境一般。

　　我們依照吩咐，將所有的行李都放在電腦螢幕監測的傳送帶上，手機硬幣鑰匙口香糖衛生紙單獨放在一個匣子裡，然後魚貫而入隻身通過電子門檻，就差沒有像在美國機場那樣將鞋子脫下來，赤腳走過去。我兒子前年在舊金山出關時，就因為襪子上有一個小洞，還羞愧得哭了一場，那時他十二歲。

　　等到警衛們在一絲不苟的檢查之後，確認我們只是尋常百姓，既不打算蓄意炸毀酒店建築，也沒有企圖攜帶凶器、毒品、酒精，便抬手放我們進入，轉身搜索下一位客人。

　　以後的日子裡，每一次我們進出酒店，都要接受這樣的「禮遇」，事實上，幾乎埃及各大酒店都設有這樣的設施，由此可見，政府對外國遊客的安全是費盡了苦心的。諷刺的是，這樣特意強調的安

全檢查，不幸適得其反地使入住的客人們嗅到不安全的氣氛。

Anyway。

酒店大堂前台接待員小姐的迎客笑容，仍舊一如既往地明媚動人，這多少讓我們回到一種熟悉的環境裡。我們先是核對了預訂的房間，然後感謝他們派計程車去機場迎候我們。

「我們沒有派計程車呀。」 接待員小姐先是一愣，隨即醒悟到，「你們所說的，大概是機場裡那些私人經營的計程車，你們付了他多少錢？」

「三十美元。」 我先生答道，「通常應該是多少錢？」

「五十到六十埃鎊。」 她說，一臉的見怪不怪。

這麼說，我們多付了至少三倍的錢，如果按當時一美元兌六點二埃鎊的匯率來算的話。

這便是我們來埃及上的第一堂課。

學費不便宜，好在相當及時。

2　A Black And White Portrait Of Cairo

開羅的黑白照片

　　開羅就像一個四四方方的大抽屜，長1200平方公尺，寬1100平方公尺，裡面充滿了珍奇與破爛。

　　西元969年，北部非洲的法蒂瑪王朝，征服了埃及，並決定在舊都孟菲斯附近建立一個新都，取名開羅，意思是「征服者之城」。

　　這並不是說，開羅以前只是一片荒地。

　　事實上，早在法老時期，開羅就已經是個很有模樣的城市了，只不過那時用的是不同的稱呼而已。在被稱為首都開羅之前，在法老時代、巴比倫時代、羅馬時代、奧斯曼時代，曾被叫做Heliopolis、Babylon-in-Egypt、Al-Fustat、Al-Qataei、Al-Askar、Al-Qahira。

　　一直到法蒂瑪王朝，開羅才以現在的名字正式進入史冊。

　　以後的九百年時間，開羅基本上都是默默無聞，固守著古老的半塵封半落後的閉塞生活。

　　十九世紀中葉，從法國留學回來繼承王位的Khedive Ismail，像同時代其它國家那些喝過洋墨水的年輕君主一樣，立志要將開羅變法

維新，改造成像歐洲許多都市那樣的現代化大城市。於是他不惜花費重金，從法國、義大利、德國請來設計師、建築師，在開羅舊城邊緣大興土木，建起了一大批韻味十足的歐式建築，開羅從此改頭換面，在國際上開始引人注目。

　　二十世紀初期，英國人的侵入又爲開羅注入了不少維多利亞色彩，至此，開羅城內此起彼伏的圓頂清眞寺、羅馬古城牆、基督會教堂，和閃閃發亮的新型酒店大樓，便熱熱鬧鬧地爲這個城市添加了越來越多的魅力。

　　這也是爲什麼開羅在埃及眾多城市中，更容易吸引到大批遊客的原因，除了城西二十七公里處舉世聞名的金字塔之外，蜂擁而至的外國人也很想看看也許在他們自己國家已經不多見的科普特老式教堂和巴西勒式的長方形廊柱建築。

　　可惜，我們只在開羅待一天。

　　我是說，我們先在開羅待一天，然後乘火車南下去七百多公里以外的帝王谷，三天之後再回到開羅繼續住兩天，聖誕節前趕回阿姆斯特丹。

　　我們以爲，一個星期在埃及，應該足夠了。

　　開羅的天空藍得令人難以置信，特別是對久居荷蘭陰霾天氣的我們來說，仰望那澄淨如洗的晴空，整個身心都倍加感到乾爽和愉快。

　　我們決定上午先去開羅的舊城區，去拜訪幾座歷史上有名的老教堂和大城堡，中午回酒店吃飯，下午再去參觀埃及博物館。

　　我先生固執地堅持我們一定要趕回酒店吃中飯，事實上，他一而再、再而三地重覆，我們一日三餐都應該在酒店吃，這不僅因為他有一付世界上最脆弱的腸胃，稍不注意，便會上吐下瀉，而且還因為幾乎我們所有朋友都像商量好了似的，眾口一致地警告我們，「千萬別吃街上的食物！」

　　千萬別吃街上的食物。

　　那豈不是與許多當地好吃的東西失之交臂。我很不以為然。

　　我酷愛美食，特別是那些自己從來沒有嚐過的稀奇古怪的東西，比如說，法國的生烤蝸牛，土耳其的鍋塌羊髓，印度的酸奶咖喱餅，義大利的風乾生牛腿，瑞士的威士忌奶酪火鍋，天堂拐角的的茴香咖啡……。臨來之前，我已經暗暗打聽了，埃及還真有一些聽起來就令人食指大動的好東西。

　　聽說過奶油烤鱸魚嗎？一定要從尼羅河裡剛剛捕撈上來的活魚，抹上薄薄的一層奶油，撒一點細鹽和孜然（一種香料），兩面稍微烤一烤，吃的時候再擠幾滴鮮檸檬汁，嗯，相信味道一定好極了。

　　還有，油炸餃子。裡面既不放鮮肉蝦仁，也不放青菜，而是杏乾、椰棗、桃仁、松籽、榛子、開心果、葡萄乾切碎混在一起做餡料，包在像紙一樣薄的多層奶油酥皮裡，又香又甜。

　　煨乳鴿。胸膛裡塞滿了洋蔥粒、碎麵包、小茴香、月桂。

　　剛出爐的蜂蜜麵餅，蘸著由芝麻、橄欖油、大蒜和檸檬調成的醬料。

　　此外，還有炭燒羊肉，炸圈餅，椒鹽蝦炒糯米飯、甘蔗酒、鮮榨蔬果汁、薄荷茶，那薄荷葉必須是新鮮的，碧綠碧綠地飄在杯子裡，

開羅市區的清真寺，矗立當中的是「宣禮塔」（Minaret），其作用為提醒教徒祈禱時間到了。埃及市區的宣禮塔數量據說有上千座。

由高處俯瞰開羅市區，可以看到許多風格的建築混雜融匯其中。

清涼沁人。

啊哈，這麼多好吃的，怎麼能無動於衷呢？

可是為了兩個孩子的健康，我不得不在表面上贊同我先生，煞有介事地與我先生並排站在一起，大聲宣布，「對，我們一日三餐都在酒店吃。」心裡卻暗暗盤算什麼時候找機會溜到街上，偷偷享享口福。

當然，我也怕拉肚子，可我有對策，臨行前隨身帶上了一瓶黃連素，吃東西的時候往嘴裡送進一粒，保證吃遍大街小巷的美食，也不會有麻煩。

剛一走出酒店的大門，專門負責招呼計程車的門衛便殷勤地迎了上來，「早安，先生準備今天去哪？」

「早上好，」我先生說，「去開羅的舊城區，Hanging教堂，Saint Sergius教堂和大城堡」。

「至少要半天的時間。這樣好不好，我為你們找一位會講英語的司機，既開車，又兼代導遊，一百五十埃鎊。」門衛熟練地報上價來。

一百五十埃鎊，到底合多少美元？我們一時還不熟悉當地的兌換率，趕緊在心裡算了一下，唔，好像是二十五美元。

才二十五美元？我們簡直樂壞了，馬上說：「好，好。」

還沒等駛過來的計程車停穩，我們便趕緊打開車門鑽了進去，好像生怕別人改了主意似的。

「Have fun！」滿面笑容的門衛為我們關好車門，並對司機說，
「Hanging教堂，Saint Sergius 教堂和大城堡，三個小時，一百五十埃
鎊。」

「OK。」司機高興地衝我們點點頭。

我們也暗暗地沾沾自喜。昨天晚上，我們睡覺前在酒店走廊裡散
步時，曾繞到內設的旅遊景點服務部查看了一下價目表。若是參加旅
行團的活動，半天遊覽，Saint Sergius教堂和大城堡，是每人二十二
美元，我們全家八十八美元。

而現在，我們自己租車去同樣的景點同樣的時間，全家卻只需二
十五美元，這當然讓我們又驚又喜。

開車的司機叫穆罕默德，是個饒舌的中年人。我們的車子剛一啓
動，他就忙不迭地進行自我介紹，然後緊接著向我們發出一連串的類
似警察查戶口時會問的問題，不知道是真的出於好奇，還是沒話找話
解解悶：你們都叫什麼名字？你們是從哪個國家來的？你們準備在開
羅住幾天？你們打算都去哪些地方觀光？你們那裡的月亮圓不圓？

當然，他也沒有忘記自己的職守，不斷地在問話答話的空隙之
間，突然指向窗外，告訴我們正在經過的某處陳年古蹟，或是著名的
建築。

從他的嘴裡，我們才知道，我們酒店所在的那條馬路，駐有許多
外國使館，過去是很繁華的一條街。再往前一點，便是有名的開羅
塔，塔基和入口處的台階都是用堅固無比的岩石堆砌而成的，從遠遠

的阿斯旺沿著尼羅河運送過來。塔的頂部有一個旋轉餐廳，吃飯的時候不用挪動椅子便可俯瞰整個開羅美景。穆罕默德感慨地嘆了口氣，說可惜他從來沒有進去過，因為在那裡吃一頓飯要花很多錢，他去不起那種地方。再說大多數埃及人也很少到飯館去吃飯，家裡的飯菜又經濟又實惠。不過，他希望他的兒子長大以後，能有本事賺錢，帶他進去開開眼界。所以，如果我們待會兒付錢給他的時候，好心加一些小費，不多要，只要二十埃鎊，他就能積少成多攢下一筆錢，供他兒子讀書，將來便不必像他這樣整天開計程車混日子了。

我們聽後面面相覷，不知道他是在開玩笑還是當真。

進入舊城區時，街上的景象顯而易見地「舊」了起來。街道突然變得狹窄擁擠，低矮的房屋們看上去風燭殘年，一副行將就木的頹敗。很多窗戶都沒有玻璃，不僅沒有玻璃，就連窗框也沒有，黑洞洞的深淺莫測。被稱作「門」的地方，也並沒有門，甚至沒有簾子，毫不設防地任由人們隨意進出。更令人不舒服的是，並不是一兩棟房子衰敗成這樣，而是一片連著一片，高矮不齊地擠在一起，使老城區看上去醜陋不堪。

我問穆罕默德，為什麼這些房子都沒有門窗，不怕有人進去偷東西嗎？

穆罕默德苦笑著說，「偷什麼？沒有什麼可偷的，總不能把烙餅用的鍋灶偷走吧？」

接著，他又告訴我們，此片地區是開羅最老的部分，所以叫做

夕陽西下的開羅夜景。

Old Cairo，多少世紀以來，執政者無暇顧及這裡，老百姓經年累月過
著一成不變的生活，像這樣門窗不全的房屋，比比皆是，好在埃及既
不刮風，又很少下雨，而且沒有冬天。

　　我聽著穆罕默德的解釋，心中不禁一陣悲哀。據說，開羅舊城區
又是Coptic Cairo，在法老王朝衰落以後和阿拉伯人入侵以前，曾是
基督徒們的聚集地，建有大量的教堂，至今吸引眾多遊客絡繹不絕。
這麼一個歷史遺跡豐富的地方，政府為什麼不撥一筆款子修整一下，
至少，該把主要的道路填補鋪平。

　　我們的車在坑窪的土路上揚起灰塵，與赤腳的行人，蹣跚的駱駝，負重的毛驢，噴吐黑煙的摩托車，和除了車鈴不響渾身都是響聲的腳踏車，彼此不分地擁擠在一起。

　　還好，沒有多遠，我們要去的Hanging教堂便到了。

Hanging教堂。

　　聽這名字就有點稀奇古怪。

　　Hanging，在英文中是「吊」、「懸」的意思，何以教堂能夠被「吊」和「懸」起來呢？實在超出一般人的想像力之外。

　　不過，這座教堂很有名氣倒是真的，幾乎所有的旅遊書都將它列為「必遊之處」，據說它是開羅城內最有味道的科普特（Coptic）基督教堂，最早的巴西勒式（Basilican）隱修院，最不可思議的奇怪而又不失美麗的建築。

　　西元前三十年，羅馬人占領了埃及，為了安營紮寨，在開羅周圍修築了要塞堡壘。Hanging教堂便是後來被基督徒們，異想天開地建在城南堡壘頂上的一棟十分特別的建築，毫無疑問，它為後世的建築師們提供了選擇地基的大膽設想空間。

　　這可確實是一項創舉。試想一下，如果在華爾街的摩天大樓們的頂上，懸空建上一個四通八達的平台式購物走廊，人們不用乘電梯下到地面，而是直接升到上面，便可吃午餐，喝咖啡，買一束鮮花，與鄰公司的女孩子調情，俯瞰下面馬路上螞蟻般忙碌的芸芸眾生感嘆人生渺小，從一座大樓進入另一座大樓進行商業會晤，該是何等的浪漫

Hanging教堂正面。

方便。

　　不過，眼前的這座高高在上的教堂，卻沒有為我們節省時間和麻煩，相反的，我們要爬二十九級台階，才可到達它的門口。

　　從布局上看，Hanging教堂是嚴格地按照巴西勒式風格建造的。三條長長的側廊走道，一間例行的門庭，和三個禮拜堂，中規中距地占據著四百平方公尺的面積。另有一座小教堂，建在原先巴比倫要塞的東塔樓上，是教堂最早建築的一部分。十九世紀時，不知出於什麼原因，又加建出第四條長廊。

　　與教堂外的噪雜塵世相比，教堂裡安靜極了。門廳處坐著幾位神情肅穆，凝神苦思的教徒，對我們這些信步而入的遊客視而不見，或許修煉得超塵脫俗，將我們看成是人間的一群無聊的透明物體，不予理會。

　　我們於是也順水推舟將自己看得無足輕重，悄無聲息地潛入教堂裡面。

　　我們在歐洲住了五年，見慣了千篇一律的巍峨壯麗大教堂，印象

中上帝的住所，除了攝人心魄的巨大拱頂，便是深不可測的寂寞空間，猛然面對這樣一個「迷你型」教堂，一開始還多少有點不習慣，不過很快地，便發現這個小小的建築，倒使人很容易產生出一種近距離的親切感。

　　教堂正廳的兩側佇立著八根圓柱，正上方是一塊醒目的木製筒形穹頂，古香古色，散發出樸素的韻味。穹頂和北側廊之間一字排開三個圓柱，由小巧的桃形拱頂連接而成。

　　所有的圓柱都是由白色大理石製成的，只有一根是黑色玄武岩，孤零零地與眾不同，我繞著它轉了一圈，不懂其中有何講究。

巴西勒式的Hanging教堂。

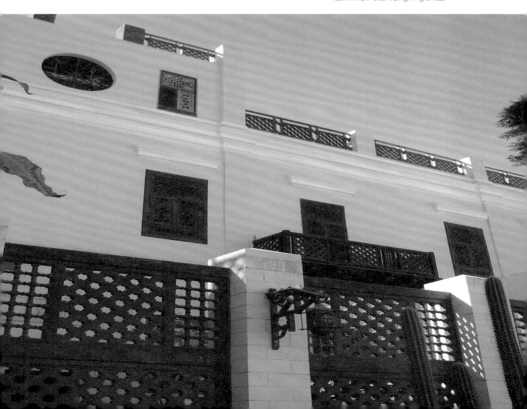

正面朝向入口的，是一座由十五個小圓墩優美托住的講道台，台子的階梯上鑲嵌著貝殼和十字架組成的象徵耶穌復活的圖案。

教堂的東部是三個小禮拜堂，中間的一個是供奉聖母瑪麗亞的，屏窗上縱橫著白色象牙和黑色檀木的框架，顯得十分素雅。禮拜堂頂部繪有七個大型的聖像，基督神態安詳地坐在中間，右邊是聖母瑪麗亞聖彼得和傳達上帝佳音的天使加百利，左邊是聖約翰聖麥克和聖保羅。禮拜堂的大祭壇同樣有四個圓柱，外加一個精美的華蓋，綽綽約約地覆蓋著祭壇和後面的牧師講台。

北面的小禮拜堂則是供奉聖喬治的，象牙雕成的屏窗上繪有聖喬治殉難的十七幅圖畫，我不熟諳聖經中的故事，只好想當然地將它們按自己的方式詮釋了一番。

與之相對稱的南面的小禮拜堂，供奉的是施洗者聖約翰，十字架裝飾的屏窗上也繪製著七個有關聖約翰生平的圖畫，我端詳著它們再三不得其解，決心回去以後去圖書館給自己補補功課。

所有的繪畫，手筆純熟線條流暢，據說全部都是出自一個美國人 Orhan Karabedian 之手，保存至今依舊栩栩如生。可藝術家本人，卻在1777年，為著某種不明不白的原因被處了死刑。

我們仍是悄無聲息，除了偶爾用眼神互相交換一下彼此的感受之外，多數情況都是各自為政，四處躑躅觀看教堂內的建築和圖像。

我知道這多少有點難為孩子們，不要說他們，即使對成人來說，如果不深諳基督教的背景，也不是教徒，是不會懂得那些繪畫之所以然，只是看看熱鬧而已。

但我始終相信，少年時期的藝術薰陶和多種體驗，會使人受益終

生。

　　我的小女兒躡手躡腳地走到我身邊，碰碰我的手臂，示意我發現了一個新奇的地方。

　　我隨著她走過去，發現在南邊側廊裡，有一個小小的木門，推開進入是一個狹窄的通道，繼續前行，竟然來到一個隱蔽的「小教堂」。

　　多少年以來，人們都相信這個大教堂內名爲Little Church的小教堂，是四世紀原有建築的唯一「遺跡」，一位從埃塞俄比亞過來、頗有名氣的聖徒，叫做Teckle Haimanout，曾經住過這裡。

　　仔細打量四周，我實在很難看出它的本來面目，因爲年代太久了，牆壁已經剝落，原有的影像相當模糊，只有東面壁牆上認眞辨認，可依稀看出基督被主教們圍攻的畫面。

　　從說明文上還可以了解到，在1984年重新修復教堂時，另一幅有關耶穌誕生的十四世紀時的繪畫，也幸運地被人們意外地發現了。

　　我相信按照當時人們的建築習慣，這個小教堂的十五個圓柱上，應該都裝飾有許多美麗的繪畫，因爲在南排第十五根柱子上，隱約顯現著一位端莊女人的姣好面容，讓人不禁好奇地猜測她的身份，可能是一位重要的女信徒，可能是一位矜貴的公主，也可能是一位顯赫的王后？

　　走出Hanging教堂，突然置身於強烈的太陽光線之下，頓時有點不知所措，好一會兒才漸漸看出周圍的景象，教堂對面的土牆根下，

開羅的市集

坐著一溜兒頭纏白布的埃及老人和孩子們，正懶洋洋地
打著盹兒，聽到聲音，看到我們出來，立即有一位上前
與我們搭訕。

「哈囉，Where do you come from？」他的英文說得
不錯。

「Amsterdam。」我們回答，純粹是出於禮貌，心中
暗想，我們從哪來與你有何相干。

「啊，my friend，你們喜歡這個嗎？」他迅速地從懷
裡掏出一個白布小包，打開後逕直遞到我們的眼前。

一串銀光閃閃的項鏈！

每一粒橢圓形的珠子都精緻地鏤空著，並環環相接
地緊扣在一起。

「好美啊，」我讚嘆道，不禁追問，「多少錢？」

「只要五十美元。」他心痛地回答，同時喋喋不休地
講述這串項鏈如何地費時費工。

我抬頭看看我先生，他卻抬頭數著天上的雲朵，大
有一副「你自己決定，免得過後又埋怨我」的架勢。

我最生氣他這一招，於是掏錢就要去買。

如果真是純銀的，如此精緻的手工，五十美元絕對
值得，就怕它是假貨。

這時我們的司機忽然從遠處氣急敗壞地跑了過來，
一面用埃及話衝著那個賣項鏈的人粗暴地喊叫，一面用
英文急切地對我們說：「別上他的當，你們要是想買銀

開羅市區一景。

器，我帶你們去正式的珠寶店。」

然後，不由分說地把我們拉上他那輛停在不遠處的計程車。

我先生提醒他，還是先去Saint Sergius教堂，然後再去珠寶店。

我自然也同意，共產黨從小就訓練我，個人利益服從集體利益，局部利益服從整體利益，這幾乎已經成為我們這一代的第二天性，恐怕這也是我先生在我們婚姻中始終感到遊刃有餘的原因之一。

多麼有自覺的中國女人。

Saint Sergius教堂離Hanging教堂並不遠。在基督教盛行的第四世紀，修建教堂就在埃及迅速盛行，僅開羅老城區方圓一平方公里的地方，便如雨後春筍一般蓋了二十多座教堂。

打開開羅遊覽圖看一看，Sharia Mar Girgis一帶密密麻麻的教堂標記，就足以讓大多數旅行者們驚訝不已。

Saint Sergius教堂是開羅另一座享譽盛名的科普特老教堂，建於西元第五世紀至第十世紀，它同時也是世界上最不像教堂的一座教堂。

Saint Sergius教堂的入口

單從它的外表來看，感覺就像是一棟普通樓房的地下室，只有熟門熟路的人，才懂得如何沿著石磚路的街道拐進鐵欄環繞的階梯，不是向上，而是向下，從一道石門進入其內。

進去以後，人們不禁發出感嘆，它的裡面相當的大，內部建築風格與Hanging教堂不相上下，也是早期巴西勒式的經典。

　　它有兩個並行的側廊，一個向西拐去的長廊，三個禮拜堂和一個
講道台。十二根大圓柱並列兩旁，相得益彰地支撐著筒形穹頂。除了
一根是紅色花崗岩製成的，其餘十一根圓柱都是白色大理石的，眞是
有獨無偶。

　　三個禮拜堂的窗框也是象牙和檀木做的，配有錯綜複雜的奇妙圖
案。

　　教堂的半圓形後殿由大理石和馬賽克鑲嵌而成，繪有耶穌騎馬、
耶穌誕生、最後的晚餐等聖像。

　　此外，以耶穌、聖母瑪麗亞和其他聖徒的日常生活爲主題的圖
畫，完成於十七世紀，也至今保存得清晰可見。

　　不幸的是，據史料記載，教堂建成後不久，便遭祝融，八世紀時
曾經大規模地修復過一次，而且中世紀以後又多次整茸，我們今天看
到的教堂，顯然有一部分由於歷盡滄桑，已經面目全非了。

　　然而，這並不影

開羅舊城內的中世紀廢
墟。

響Saint Sergius教堂的聲望，事實上，它可不僅供遊客參觀，在廣大埃及基督教徒，甚至全世界基督教徒的心目中，它的位置非同小可。

《出埃及記》中就曾詳細記載，耶穌一家去耶路撒冷的途中曾經棲身此地，當然那時還沒有教堂，只是一個簡單的洞穴。

於是，由於籠罩了聖上一家的光輝，Saint Sergius教堂便有了特殊的意義，直到今天，基督教會在這裡舉行過許多重要會議，許多重大決定、許多主教的任免，也都是在這裡發生的。每年的Coptic月份的第二十四天，也就是我們的國曆六月一日，都要舉行隆重的Commemoration，信徒們會從四面八方長途跋涉到這裡聚會。

走出Saint Sergius 教堂，又坐回到穆罕默德的車子裡，他問我們要不要去珠寶店看看，並不會多繞路，而是在去下一個景點的路上。

「當然，謝謝你。」我說。趕在我先生和孩子們發表意見之前。

多數情況下，我會「個人利益服從集體利益」的，不過，偶爾我也得「自私」一下，旨在提醒他們，我也時不時地有些個人需要。

況且，珠寶店又正好在途中，耽誤不了多少時間的。

穆罕默德載著我們，熟練地七拐八拐，便「嘎」然停在一間看上去氣勢不凡的珠寶店門口。

「這是我朋友開的珠寶店，」 穆罕默德說，「保證貨真價實，而且會給你們好價錢的。」

「謝謝。」 我嘴上這樣說，心裡卻在嘀咕，這番話怎麼聽起來這

麼耳熟。我突然想起去年在曼谷旅遊時，多次被計程車司機帶著在滿城大街小巷亂轉，個個都說他有朋友在開旅遊品商店，當天正好有八折優惠。去了以後才發現，所謂的「朋友」不過是「關係戶」，每位被介紹進去的客人，買了東西以後，他們都會拿到回扣。眼前的這位穆罕默德，該不會同樣如法炮製吧？

珠寶店裡的金銀首飾倒是琳琅滿目，店老板的笑容也相當親切可掬，可價錢嘛，確是不菲。一串看上去與剛才街上那個老頭賣的項鏈差不多的「真品」，要價一百六十美元，「只為你」打過折後，也要

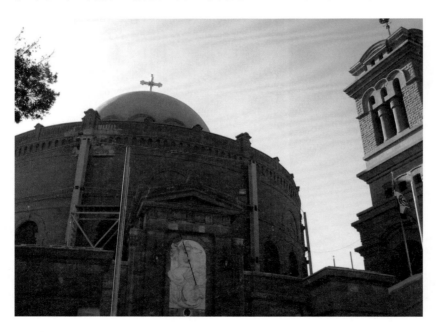

開羅舊城一隅。

一百二十美元，並不比歐洲便宜多少。

　　我看這位店老闆是「看人說價」的，便沒了興趣，不管他和穆罕默德一臉遺憾，帶著全家迅速離開了珠寶店。

　　我先生和我孩子們倒挺高興，連連誇我逛商店頭一次「速戰速決」。

　　我什麼都沒買，談何速戰速決？

　　他們也真是的，自己不願意逛商店倒也罷了，我能理解，但凡男人和孩子，99%都不喜歡逛商店，但是不願意別人逛商店就有點無理了。好像我，從來不強求他們，於是我提出「自由活動」，一起上街時，他們不妨去看場電影，或是找個地方坐下來喝飲料吃冰淇淋，這樣我可以心安理得地在附近的商店裡轉轉。可他們全都嚷嚷著不同意，說什麼我要是走丟了怎麼辦，時時刻刻要全家人黏在一起。

　　偶爾，他們也有可能善心大發，同意一起去逛商店。可每次進了商店，看他們臉上明明白白顯示出來的備受折磨的樣子，頓時讓我很掃興。

　　有一次，我那十四歲的兒子還一臉迷惑地問我：「媽媽，你怎麼能在櫃台前看那麼長時間，我一眼就把那些東西全看完了。」

　　我嘲諷地對他說：「你那哪叫看？你那是掃描。逛商店，逛商店，樂趣就在一個『逛』字，再說，一邊逛商店一邊散步，也是一種健身運動。」

　　我先生的「健身運動」概念顯然與我不同，他情願一周兩次與朋友一起打室內球，在一間幾公尺見方的小屋內，對著牆壁上竄下跳地追逐一個小球，直到累得自己大汗淋漓筋疲力盡心臟病險些發作為

開羅舊城街景

止。

　　沒辦法，人各有志。

　　不過，沒有在這家珠寶店買到東西，我也不覺得遺憾，雖然我確實想在埃及買一些銀質首飾，可我們才到這裡，至少也該先摸摸行情，有的是時間。

　　我們上午行程的最後一個景點，是開羅城內赫赫有名的大城堡（Citadel）。

　　不論是按照歷史順序，還是根據路程遠近，先去科普特區看羅馬式的老教堂，再來伊斯蘭區參觀阿拉伯帝國時期修築的大城堡，是順理成章的。

　　大城堡位於開羅城東郊的穆蓋塔姆山上，是十一世紀初阿尤布王朝的國王薩拉丁為抗擊十字軍東征而造的。

　　據史料記載，西元640年，不可一世的古希臘羅馬在埃及近千年的霸

大城堡内的納席‧穆罕默德清真寺，拱頂的圓柱是希臘羅馬時期風格

業，被逐漸強大的阿拉伯帝國所取代，埃及開始逐漸伊斯蘭化。野心勃勃的法蒂瑪王朝趁此機會趕緊擴張勢力，將疆域毫不客氣地延伸到阿拉伯半島及小亞細亞部分，這樣一來，不僅嚴重威脅了羅馬教皇基督教的東方拓展計劃，也使眾多教徒去耶路撒冷朝聖之路受到阻礙。

　　十世紀初，羅馬教皇沉不住氣了，下令正式討伐法蒂瑪盤踞的埃及，先後發起八次十字軍聖戰，力圖奪回聖地耶路撒冷。

　　阿拉伯人自然不甘示弱，為了擊退十字軍，他們組織了一支強大的部隊，由年輕的司令官薩拉丁率領，在拯救埃及的口號下，最終獲得了決定性的勝利。

　　是英雄創造了歷史，還是歷史創造了英雄？

　　這都不重要。

　　而羅馬教皇本意是要借著十字軍以西方基督教消滅東方穆斯林，

達到一統天下的目的，卻被這個聞所未聞的庫爾德人薩拉丁給挫敗了。從這個意義上說，薩拉丁做了一件了不起的事情，不然這個世界如果只有一種宗教，豈不是太寂寞了？

　　1171年，勝利者薩拉丁廢黜了法蒂瑪王朝，建立了新的王朝，稱為阿尤布，自封第一任蘇丹，正式修建大城堡。

　　按野史的說法，當初為了選城堡的位置，頗費了阿拉伯人一番苦心。他們在城中四處懸掛新鮮肉條，細心觀察肉條腐敗的狀況，最後才鄭重確定建築城堡的最佳處所。

　　遊客們今天看到的大城堡，居高臨下地占據著開羅城市的制高點，地勢開闊，乾燥涼爽，可以遠眺二十多公里以外的吉薩金字塔，絕對經得起最苛刻的風水先生的挑剔。

　　我們的計程車此刻正漸漸駛近大城堡，不過想進入停車場還得一路接受三、四個崗站的檢查。

　　好在我們近年來頻繁地四處旅遊，對當今世界上這種新興的「安全檢查」時尚，已然習慣了，知道多數情況下不過是些例行公事。

　　在我看來，大城堡的外觀與伊斯坦堡的藍色清真寺十分相像，同樣的拱形圓頂，同樣的雄偉壯觀，同樣的拜占庭風格。一問穆罕默德，果不其然，它還真是由一名土耳其來的工程師Yousof Boshtaq設計的。

大城堡票根

Date
Price
12/15/03
20.00
TOURIST
THE CITADEL

　　趁著我先生去買門票時，我和孩子們站在旁邊的樹蔭下觀望大城堡的外景，五六公尺之處，一群學校的學生正在排隊準備入場，不知什麼原因，我卻發現自己毫無來由地成為他們注意的對象，隔著一段距離，幾個高個兒的女孩子還試探性的「哈囉，哈囉」地打起了招呼。

　　這真是新鮮事，看著她們頭上裹著黑色紗巾，外表一副因循守舊的模樣，可沒想到性格卻如此開朗大方。可我又有什麼西洋鏡值得這群孩子好奇呢？

　　我環顧四周，確信周圍只有我們站在那裡，便遲遲疑疑地回答道「哈囉。」

　　沒想到，這立即招來一片回應，他們頓時興奮起來，好象得到了鼓勵似的，「哈囉，哈囉」說個不停。有的孩子甚至還進一步追問，「What is your name?」「Where do you come from?」「Are they your children?」

　　問我是從哪兒來的，叫什麼名字，倒還有情由可原，問我的孩子是不是我的孩子，便讓人感到有點怪怪的。

　　他們當然是我的孩子，難道他們長得一點兒都不像我嗎？

　　在中國時，我就經常被同樣的問題所困擾。有一次，我們全家到北京的潘家園古董市場閒逛，我先生看中了一件有點年紀的花瓶，便問多少錢，那店主開口便漫天要價，兩千塊。我先生說只願意付八百塊，那店主立即轉向我，說：「你告訴他，這是真貨，民國的，至少也得一千塊錢，砍下價兒來，我分你二百五十塊錢。」

　　他當我是跟班的翻譯。

大城堡

我先生不知怎的竟然聽懂了，馬上用中國話告訴他，「她是我太太，你是二百五。」

那店主頓時滿臉通紅，看看我先生，看看我們的孩子，再看看我，仍舊一臉的半信半疑。

我承認我的孩子們長得比我精彩多了，可我也不至於完全與他們風馬牛不相及吧。

不管什麼說，我還是有問有答地告訴了這群埃及孩子們。

他們一聽，更樂了，爭先恐後地用阿拉伯腔調模仿著我中文名字的發音，倒也說得挺像那麼回事。

我猜想，他們平時大概不常見到亞洲人，所以才這樣好奇。因為周圍的遊客中明明還有不少高鼻深眼的西方人，可那些孩子對他們並沒有表現出什麼特別的興趣。

看來是，物以稀為貴。

這時，我先生正好買了票回來，我們就夾在那些孩子們中間，在他們的簇擁下

大城堡的 塔樓，牆上有槍眼，功能為防守警戒。

和嘰嘰喳喳的議論聲中走進大城堡。

我挺得意，平生第一次為我東方的扁平面孔。

大城堡分為內城外城兩個部分。

外城主要用於防守，如同軍事要塞的壁壘，由突出在外的圓形塔樓組成屏障，高十公尺厚三公尺，有效地構成側翼防守。這是薩拉丁在建築城堡的初期，為了抵禦羅馬教堂十字軍的攻勢，而特意採用對當時來說最新式的設計。

內城則用於居住。因此，大城堡在一開始時便具有了堡壘和皇宮的雙重作用。

史書上記載的薩拉丁，是一個傳奇式的人物。他懂得韜略，奉行人道，在攻陷開羅城門之後，既不燒殺掠搶，也不巧取豪奪，而是嚴格執行「三大紀律八項注意」，就是對敵方家眷和俘虜也採取仁慈的態度，因而，不論是朋友還是對手，都對他佩服得五體投地。

薩拉丁在埃及深得人心，但他卻並沒有留在開羅享受歌舞昇平的好日子，而是繼續率兵進入西奈半島北部沙漠，驅逐敗戰的十字軍。不幸在大馬士革染上黃熱病，葬身它鄉。死時，身邊沒有任何財產，堪稱一代「毫不利己專門利人」的英雄豪傑。

薩拉丁死後，他的侄子繼承王位，將大城堡進行了大規模的擴建，加高加厚了原有的塔樓，並進一步拓展了原有的居住面積。

大城堡的內城需要一天的時間才能看完，它包括三個歷史上有名的大清真寺和四個博物館。我們卻只有一個多小時，就連走馬看花也

很困難，思來想去，只好放棄其它的地方，只選擇了穆罕默德阿里清
真寺。

　　進入清真寺內，必須脫鞋。

　　這是規矩，我們去年在土耳其時就已經學會了。不同的是，在開
羅的穆罕默德阿里清真寺門外，脫下鞋後，馬上有人自動上前爲你擺
好，然後伸手索取小費。

　　這又令我想起在泰國參觀大皇宮和玉佛寺時，因爲不準露胳膊露
腿露腳趾頭，不少遊客們在寺外被一些小販欺騙，花錢租穿臨時的衣
褲鞋子，眞是天底下的生財之道，大抵同出一轍。

　　穆罕默德‧阿里被尊爲現代埃及之父，在他當政的短短四十四年
時間裡（1805-1849），他將埃及從奧斯曼帝國的一個後院，變爲阿拉
伯世界的強國。由此可見，他在埃及是何等地備受崇拜，他的寺廟也
自然被修建得金碧輝煌，據說這間清真寺跟沙特的麥地那先知清真
寺、大馬士革的倭馬亞清真寺、伊斯坦堡的藍頂清真寺同被尊爲世界
四大著名清真寺

　　我進入寺內，盤腿坐在鋪滿華美地毯的禮拜殿，凝神屛氣，意守
丹田，努力使自己放鬆下來，誠心誠意地想體會一下虔誠的教徒們用
心靈與阿拉對話的境界。

　　正午的陽光穿透高聳的殿堂，由圓頂玻璃流瀉而下，與四周懸掛
的一圈圈長明燈奇幻地交匯在一起，形成一片片飄忽不定的薄霧。大

堂內空曠邈遠，除了頂天立地的高柱，再沒有其它的擺設，愈加顯得氣勢攝人。

　　所有的朝拜者都席地而坐，有的微垂著頭，眼睛望著地面，舉手至肩，口中喃喃默誦；有的右手搭在左手背上，雙手放在胸前，安神祈禱；有的雙膝著地，全身久久地匍匐在下……

　　我不由自主被感動了，進而想到，若是在星期五主麻日聚禮，宣講經文者的大聲誦讀，定會在此久久地迴腸蕩氣，產生一種有如穿堂之風般的震撼力量。

　　可惜我心有餘而力不足，坐了沒有一會兒，便腿腳麻木，不得不趕緊站了起來，惶惶不安地悄悄溜出大殿。

穆罕默德·阿里清真寺的中庭，右側的鐘樓即為法王路易·菲利浦的回禮。

　　比起內部來，清眞寺的外面 似乎更加寬廣，方方正正，十分乾淨。寺院中心有一個水池，大概是供穆斯林做禮拜時淨手淨腳用的，外牆鑲有雪花石瓷磚，相當講究。

　　中庭的周圍有圓頂的拱廊環繞，側面豎著一座銅邊彩色玻璃鐘塔，說明表示是法國國王路易·菲利浦回贈給穆罕默德·阿里的禮物，因爲穆罕默德·阿里當年曾送給菲利浦國王古城路卡索神廟的一座方尖碑。

　　我搞不懂怎麼建築國寶也可以當作禮物被人送來送去。誰能想像，某年某月我們將故宮的角樓從城牆上卸下來，裝上輪船，送到某個國家作爲表示親密友好的禮物嗎？

　　眞是荒唐。

　　不知道埃及人去法國旅遊時，在巴黎的協和廣場看到自己祖先傳下來的方尖塔，形單影只地站在那裡，心中作何感想？

　　幸虧穆罕默德·阿里在位只有四十年，不然埃及的諸多金字塔也會讓他當作禮物，一個接一個地送出去。

　　出了穆罕默德·阿里清眞寺，看看錶，該是回酒店吃午飯的時候了，我兒子忽然提出，既然我們已經到了這裡，他很想順便去參觀一下軍事博物館。

　　我猶豫了一下，隨即便答應了他。It is not my cup of tea，但是，我知道我兒子一向喜歡這類東西，而且我揣測，我先生大概也對那些軍營、兵器、坦克、大炮挺感興趣的。

　　男人們嘛，有幾個在童年時代未曾迷戀過玩「打仗遊戲」的，很多人甚至在長大以後，依舊熱衷於這種活動。不然何以解釋我們今天

的世界如此不太平呢？

　　我兒子從去年某月開始，突然對歷史上的戰爭產生了濃厚興趣，不光從學校圖書館借了很多有關第一次和第二次世界大戰的書籍，甚至還用自己的零用錢買了不少古今中外戰役的書和雜誌，大有收藏起來反覆研讀的長期打算。看著那些大部頭的厚厚著作，我不明白我兒子那尚未成熟的小小的腦袋，怎麼能夠消化得了那些枯燥無味的描述，幾乎每一個戰役的起因和經過，都被詳細繁瑣地講述一遍。

　　無可奈何的是，現代父母不僅不能對孩子們的興趣橫加干涉，而且還得學會尊重他們的選擇，時不時地還得在財力物力上支持他們。為此，我唯一的安慰是，有興趣比無興趣要好些，至少他喜歡看書，而不是去做一些無聊的事情。

　　不過倒是應該承認，軍事博物館還是挺有意思的，從法老時代的兵器、盔甲、刀、戟、長矛，到現代戰爭的科技裝備、核能武器，幾乎是樣樣俱全，堪稱豐富而又完善。

　　我兒子自始至終看得津津有味，最後，在終點的露天陳列處一座巨型坦克跟前，照了一張「氣壯山河」的相片，以備日後收入他自己的小小收藏。

　　我們結束了參觀走出大門，費了一番功夫，才在大城堡的停車場找到穆罕默德，他正在車內昏昏沉沉地打盹，見我們回來，並沒有怨言，馬上開車將我們送回酒店。

　　其實，他挺願意我們在大城堡逗留長一點兒時間的。當我們歉意

地向他表示，我們在裡面多耽擱了一會兒，他並不以為然，只是若無其事地提醒我們，超過三小時的每一分鐘，是要額外付錢的。

我們先是愣了一下，隨即意識到，自己應該早就想到這一層，按時計價，不是一開始就講好了嗎？

到了酒店門口，我們按四個小時的時間付了錢，並加上一些小費，穆罕默德自然是滿心歡喜，我們也悻悻地沒話可說。每學一樣東西都要付點學費，這也是生活中的常事。

Marriott酒店裡吃東西的地方倒是不少，有正式的A LA CARTE餐廳，不過從坐下來，到點菜、等菜、吃完、付賬，恐怕得要兩個小時，按我們目前的情況，這個時間我們付不起；那麼，還有各取所需的BUFFET自助餐，食物花樣倒是不少，但是為了趕路，要我匆匆只選幾樣東西吃完走人，又覺得不夠划算；此外，還有快捷簡便的HIGH TEA午茶餐室。

按我以往的經驗，酒店的食物是世界上最沒有特色、最沒有味道、索價最毫無道理的地方，當然，並不全都一無是處，它也是最衛生的地方。

在酒店吃東西是出於無奈。

既然這樣，為了節省時間，我們決定去HIGH TEA午茶餐室，每

人點了一份濃湯，一份鮭魚配小黃瓜的三明治，迅速地解決了生理的需要。

有了兩次坐計程車的經驗，我們打算試著自己找計程車，也許是我對某些人缺乏足夠的信心，我總感覺酒店門前的門衛和計程車司機，看上去很像是一對配合默契的「合作伙伴」。

這並不是說我喜歡事必躬親。當自己顧及不到時，有人提供服務，節省了時間和精力，付錢作為交換，也是合情合理的。但是自己能夠應付的事，或者僅是舉手之勞，我便寧願自己去做，不然輕易地把口袋裡的錢隨隨便便送出去，我會覺得很對不起它們。

事實上，我們剛一走出酒店前面的街道，便有一輛計程車疾快地駛了過來，我們說出「埃及博物館」，並試探著提議支付十埃鎊，沒想到立即得到了司機的同意。

就是這麼簡單。

按照手中的地圖，我估算了一下從酒店到埃及博物館的距離，再對照今天早上我們去老城區的路線圖，然後醒悟到，我們付給穆罕默德的錢超值了。

又防不勝防地被人「宰」了一刀。

埃及博物館可以評上好幾個「世界之最」。

收藏最豐富。全館擁有十萬多件古埃及時代至西元六世紀以來的歷史文物，曾有人不怕麻煩的統計，從頭到尾看完所有展品，需要九到十個月的時間。

埃及博物館門票票根

陳列最雜亂。因為寶物多得數不勝數，所以很難被人全部珍惜，除了有些罕世奇品被編目陳列，更多東西來不及分類，就被雜亂地堆放在簡易的木架上，既沒有標籤，也沒有說明。導遊介紹倒是有一本，可惜面對眾多的文物，論及範圍其實甚微。

警衛最森嚴。由於多次成為恐怖分子的襲擊目標，埃及博物館的入口處如今設有層層關卡，荷槍實彈的兵士們三步一崗、五步一哨，對所有出入人員虎視眈眈，嚴加防範，大有「風雨欲來風滿樓」的架勢。如果沒有光鮮亮麗的各國遊客穿梭其間，不知底細的人會誤以為這裡是什麼武裝部隊的營地。

收費最低廉。以其洋洋灑灑的龐大收藏來說，每人3.5美元的入場券實在是埃及國庫的巨大損失。在國外生活的人都知道，西方許多著名的博物館，偌大的展廳往往只有寥寥可數的展品，彼此隔著遠遠的距離互不干涉地各自炫耀著尊貴的身份，而且門票貴得驚人。相比之下，埃及博物館的文物不但豐富，而且隨便一件都有其不凡之處，可見進入埃及博物館參觀，是多麼的物超所值。

導遊最煩人。埃及博物館的正門入口，除了警衛和外國遊客，就是眾多埃及面孔的導遊。他們大多數都是個體經營戶，可能是在校大學生、退休的講師、過氣的歷史學家、業餘文物愛好者、國家機關的

離職人員，或者乾脆就是見錢眼開的騙子。一見到外國遊客，便圍攏上來爭做導遊。我相信他們其中絕對不乏知識淵博者，可惜我個人有個怪毛病，只有自己親自讀過的東西才能進入記憶，並且長期不忘，最怕在看東西時，有人在耳邊喋喋不休，攪得我心神不安、思維混亂。所以我們決定，thanks but no thanks，不僱用導遊，還好館內寫有英文說明。

以上五條，構成埃及博物館的「世界之最」，這座其貌不揚的兩層樓粉紅色砂岩的簡單建築物，才得以赫赫有名

據了解，埃及博物館的創始人竟然是個法國人，而不是法老們的後裔，這多少讓我替埃及人感到有些英雄氣短。

創建埃及博物館的法國人馬里埃特，原本是個不錯的中學老師，結婚生子，一切照著既定的目標，過著普普通通的生活。如果不是由於一個「偶然」的機會，使他接觸到埃及繪畫和文字，就對埃及的事物不顧一切地著了迷。如果他接下來不去羅浮宮博物館研究古代文物，埃及的文物歷史恐怕會以另外一種方式記載了。

馬里埃特的生活軌道，命中注定了要由許多偶然導致必然。

1850年，他奉命到埃及收購古代文獻，「偶然」地參與了發現和挖掘孟菲斯地下神牛墓的工作，這椿奇蹟，使他頃刻之間成為埃及學界大名鼎鼎的人物。

八年之後，他正式接任埃及文物局局長，隨即便著手開始籌建博物館的工作。在他的全力以赴之下，埃及博物館終於在1902年落成了，並且很快地成為世界上埃及古文物收藏最豐富的博物館。

相信今天每一位進入到博物館正廳，面對眼前那些精美絕倫的浮

雕壁畫，和巨大敦實的法老石像石棺時，都會從心底裡感激這位法國人對埃及文物的貢獻。

不過，在參觀埃及博物館之前，需要讀一點有關埃及的書，否則就會像我的朋友在我臨行前所說的，只會看到棺材和石頭，獲得一點膚淺的視覺感受。

古埃及最初分為上埃及和下埃及兩個國家。

在上下埃及尚未統一之前，像古代世界大多數國家一樣，由勢均力敵的諸侯們各霸一方，彼此頻繁征戰。

西元前約3000年，美尼斯王崛起，統一整個埃及，開始了初期王朝，埃及從此進入法老時代，實行統一文字，並且發明了世界上第一套日曆。

西元前約2650年，以昭塞爾王為標誌，進入了古王朝時期。埃及漸漸興旺發達，興建了第一座金字塔，尼羅河開始使用系統的排水管道。此時遠在東方的中國，還處在原始社會末期，夏、商、周、春秋、戰國正先後形成氣候，準備陸續在中國的歷史舞台上粉墨登場。

西元前約1986年，是埃及的中王國世期，法老文化繁榮發展，大批神廟紛紛修建。並且還烤製出世界上第一塊麵點，想到此我便佩服得五體投地。主婦們都知道，烘烤麵食必須先發酵，古時候是不大可能買到酵母粉的，那麼這第一塊麵點想必是大自然有意無意的饋贈嘍。我猜，說不定是哪個農夫剛巧把水潑濺到一堆麵粉上，還沒來得及處理它，一隻羚羊恰巧從他眼前跑過，他急著去追捕羚羊，半路上

又碰到一位標緻的姑娘，兩情相悅自然忍不住手拉手躲到樹蔭下親熱了一會兒，等到他滿頭大汗地趕回來時，驚訝地發現那堆麵團在正午烈日的炙烤之下，意外地完成了發酵、膨脹、烘製的過程，變成一個鼓起來的大麵疙瘩。他生氣地朝自己的腦袋猛擊幾下，又臨時改了主意，掰了一塊麵疙瘩嚐了嚐，酸酸甜甜的，居然口感極佳，從此埃及人便從大自然那裡受到啓發，學會了烘烤麵點。

　　由此看來，沙漠地帶還另有它得天獨厚的長處。

　　西元前約1539年，埃及進入新王朝時期，國富民強，雕刻和繪畫藝術發展至高峰。帝王谷修築了大規模的法老墓穴。同時，聰明的埃及人還頗有創意地發明了在麵點裡摻入蜂蜜，做出了世界上第一塊甜點。從那以後，不論大人、小孩，都無可救藥地愛上了一大堆五花八門，甜得讓人分不出餡心的糕點，使得多數人的牙齒都被爛得慘不忍睹。

　　西元前約712年，是埃及的末王國時期，國勢開始衰落，像一個從中年步入晚年的老人，爲了虛張聲勢，驅趕周圍虎視眈眈的入侵者，不得不從鄰國調動援兵。而這時的中國，秦始皇正以一個蓋世英雄的銳氣，四處南征北戰，即將結束諸侯紛爭的局面，建立中國歷史上第一個集權制的大秦帝國。

　　正可謂「三十年河東，三十年河西」。

　　西元前約332年以後，埃及更加每況愈下，先後受到利比亞人、努比亞人、波斯人，以及希臘亞歷山大帝的入侵占領，法老王朝日薄西山，處於奄奄一息的末日。

　　西元前三十年，古埃及的最後一位法老，著名的埃及艷后克里奧

寶物成堆的埃及
博物寶物成堆的
埃及博物館

佩特拉（Cleopatra）在羅馬軍隊重兵壓境的絕路下，自殺身亡，「寧為玉碎，不為瓦全」。而遠在中國的塞外，另一位名垂史冊的女子，漢朝宮女王昭君同樣懷著「為國獻身」的志願，正迎著大漠撲面朔風，在漢匈聯姻、鞏固疆域的感召下，受命嫁給從未謀面的匈奴將領單于。

埃及從此結束了偉大的法老時代。

或者說，埃及從此結束了古埃及人的時代。如今，意義上的古埃及人幾已滅絕，絕大部分的居民是阿拉伯人、努比亞人，或者二者的混合。他們信仰穆斯林教，說伊斯蘭語，熟讀可蘭經，每日祈禱五次，通常走路手裡都會提著跪拜時用的墊子（mat），以便隨時隨地面朝麥加施禮。

與埃及的古代歷史息息相關，埃及博物館的收藏自然絕大多數來自於法老時代。

博物館共分為上下兩層樓。

第一層樓陳列的幾乎都是巨型的法老石像、史前的石器陶器、整面牆的象形文字浮雕，彩繪的木門、米那石板、幾公尺高的碑文……，按年代順序，分別陳列在幾十間展室內。這些東西太大太重，放在一樓展廳，既是無奈，也是明智之舉。

我們因為沒有太多時間，只好粗略地順著博物館的指示箭頭，走馬看花地按照古王國、中王國，和新王國的順序，快快地瀏覽了一遍。這樣就已經用去將近兩個小時。

第二層樓展覽的是較小型的物品，易於搬動，地震來時不至於將樓層壓塌。而且，對於那些比較笨的竊賊來說，也要多費些腦筋和手

腳，才能將寶物偷盜到手。

　　我比較喜歡第二層的展品，這大概與我比較偏愛細節有關，而我媽媽為此從小就經常批評我是「迷失的羔羊」，注重局部，忽略全局。

　　相信此時此地，絕大多數人都會非常容易「迷失」在難以計數的浩瀚展品裡。那些成套的彩繪木棺，那些記載著古埃及科學文藝法律地志等內容的紙莎草紙文獻，那些價值連城的出土陪葬品，那些古香古色的古代戰車，那些原始時代的陶俑，那些精雕細琢的龍袍寶座，那些閃閃發亮的金銀珠寶，那些鑲滿鑽石的手杖，那些堆積如山的銀質器皿，那些幹癟醜陋的木乃伊，那些……，全部眼花繚亂地讓人喘不過氣來，當然最令人窒息的是年輕法老圖坦卡門的純金面罩。

　　「圖坦卡門的純金面罩」！西方人在說到這幾個字時，口氣裡都會流露出一種壓抑不住的興奮和驚喜，就好像在告訴別人，「我昨天剛剛中了六合彩！」

　　它確實是一件震驚世界的寶物。

　　可它的主人圖坦卡門，卻是古埃及歷史上所有法老裡最默默無聞的一位。他既不像祖師爺美尼斯那樣為統一上、下埃及而聲名顯赫，也不像拉美西斯大帝那樣，因征服努比亞戰績輝煌而深受百姓愛戴，他沒有圖特摩斯法老治理國家的出色政治手腕，也沒有克里奧佩特拉艷後流芳千古的風流軼事，……。

　　事實上，圖坦卡門甚至還未成年，他死時年僅十八歲。

　　那麼，他為什麼突然之間一舉成名，成為全埃及全世界的「知名人士」呢？

用他的發掘者英國考古學家霍華德卡特的話來說，便是「他一生中最偉大的事業，就是他死了，並被埋葬了。」

圖坦卡門年紀輕輕無疾而終。

這聽起來就像是一個引人入勝的懸念。

他死後被葬在帝王谷一處十分隱蔽的地方，以至幾千年以來，無所不能的盜墓者們挖遍了峽谷內所有的山頭，盜遍了無數法老們的墓穴，卻偏偏與他的葬身之地失之交臂，一直到二十世紀初期，才被考古學家們意外地發現。可想而知，這個驚人的事件在全世界引起怎樣的震動，因為它是迄今世界上唯一保存完好的古埃及法老遺墓。

而那些參與勘探、挖掘、搬運、研究此項工程的重點人物們，在稍後的短短時間之內，又都不明原因地一個接一個相繼死去，更是令人恐怖地聯想到法老墓地裡的可怕咒語的傳聞。

這所有的一切，都是如此地戲劇性，如此地撲朔迷離，愈加使得圖坦卡門的名字深入人心。

這可是有點不合常理。

現代社會，從來都是先有名人，後有「名人遺物」，像披頭四約翰‧藍儂、美國總統甘迺迪、戴安娜王妃、蔣宋美齡……，都是因為在世時聲名顯赫，死後的遺物才身價百倍，連戴過的假髮、穿過的拖鞋、擤過鼻涕的手帕、如廁時的便盆，都能夠被畢恭畢敬地擺上拍賣台，讓有錢的闊佬們爭先恐後地高價搶購。

圖坦卡門卻打破先例，本來默默無聞，卻在死後因為出土的陪葬

物而聲名大噪，這可是值得社會學家們研究的有趣現象。

　　圖坦卡門到底是怎麼死的，至今眾說紛紜。

　　兩種互不相讓的說法是，謀殺和遺傳病暴死。而任何一種說法都有資格為小說家們提供豐富的素材，和想像的廣闊空間，弄不好還很有可能被拍成具有奧斯卡提名潛質的驚悚電影。

　　圖坦卡門的命運多少有點像中國皇帝光緒的命運。

　　他是古埃及第十八王朝的法老，九歲便登基，他提早登基是因為他正當壯年的父親，不明不白地突然死去。這可以為「謀殺」的說法事先埋下一道伏筆。

　　圖坦卡門的父親King Akhenaten絕對是一個不肯因循守舊的人，他認為在他以前的法老們盲目地崇拜名目繁多的各類上帝，實在是愚昧又混亂，他決心要改變這種狀況。可惜他生不逢時，若是在現今，他一定被封為「改革家」，但是在那個時候，他卻被人視為「怪人」。再說，信仰這種東西冰凍三尺，非一日之寒，人們已經習慣生活在眾多上帝的關懷之下，有一種隨時隨地被溫暖光芒籠罩的依賴感，突然要人們只保留一個上帝，這多少讓他們有種「處處不勝寒」的感覺。可想而知，這是一件多麼艱鉅的事情。

　　於是，圖坦卡門的父親日思夜想，一心要找出解決辦法，以至於茶飯不思，朝政不辦，甚至連自己美若天仙的妻子Nefertiti都漫不經心地冷落一旁。不過，這倒並沒有防礙他們生出六個女兒。

　　圖坦卡門的父親有一天奇怪地死了，據三千年以後的外國人猜

測，他是被人謀害死的，那個人就是他的最高大臣Ay，此人碰巧也是他的岳父，Nefertiti的父親。

是不是Ay不高興自己的女兒受到冷落，還是別有用心，或者是二者兼而有之，需要好事之徒們進一步考證。

法老死了，當務之急是得有人馬上繼位，可是Akhenaten和正室Nefertiti之間只有六個女兒，沒有兒子，倒是和側室Kiya生有一個兒子，此人就是圖坦卡門。

於是圖坦卡門便責無旁貸地做了新任的埃及法老。

按照中國古代的習慣，小皇帝未成年登基，常有老太后在後面垂簾聽政，美其名曰「輔政」，眾所周知，握有實權的才是輔政者，當政者倒是傀儡。

古埃及與古中國的「垂簾聽政」，是不謀而合的。

圖坦卡門的輔政者，就是Ay。

Ay在圖坦卡門九歲登基那年，同時還非常「熱心」地為他完婚，娶的妻子是圖坦卡門的同父異母姐姐Ankhesenamun。

今天看來很是荒唐，可在古埃及是一件非常平常的事，近親結合，既保證了血統純正，又不會使財力權力外流。

因此，血濃於水，小倆口自然恩愛非常，終日玩耍嬉戲，流連忘返於青山綠水之間。

這正是輔政者Ay所期望的，他趁機大權獨攬，倒也將國家治理得井井有條。

可惜好景不長。

圖坦卡門一天一天地長大了，十八歲時，Ay不得不將輔政的權

利交了出來。

　　這可不是什麼令人開心的事。一旦做慣了第一把交椅，一呼百諾，威風十足，突然之間變成要按照別人的意志行事，自然渾身上下都不舒服。

　　於是，便有了以下的情節，這也正是大多數戲劇中常常出現的。

　　一天，圖坦卡門在睡覺，突然被人用鈍器在頭上猛然一擊，不久便死去。

　　這頭上的擊痕，是英國考古學家們在圖坦卡門的木乃伊頭骨的X光照片上發現的。X光還顯示出這塊傷痕的鈣化狀況，證明圖坦卡門在被擊傷後，並沒有馬上死去，而是過了幾天才死的。因為人死去後是不會發生鈣化現象的。

　　要是那時就有了X光，相信凶手早已捉拿歸案了。

　　到底是誰能輕易地潛入寢宮，在圖坦卡門睡覺的時候，下此毒手呢？

　　這似乎「司馬昭之心，路人皆知」，是個不是問題的問題。

　　圖坦卡門死後，埃及自然需要一位新法老，可圖坦卡門還沒來得及生出孩子，後繼無人。

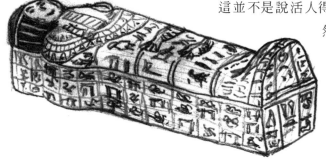

　　這並不是說活人得讓尿憋死。既然法律是人制定的，也可以由人修改。

　　古埃及的繼承法裡，

還眞有一條應付此種情況的條例。

按照常規，埃及的王位必須是世襲的，除非——我喜歡這個詞，它爲我們提供了多種可能性，而這些可能性使生活變得豐富多彩——死去的法老沒有兒子，那麼，與法老遺孀結婚的人，便可以例外地成爲新法老，即使此人沒有皇族血統。

故事講到這兒，似乎已經差不多要結束了。

可是，有的故事卻是一波三折的。

Ay打算要和圖坦卡門的遺孀結婚，儘管他實在太老了，儘管他還是她母親的父親，也就是說，他是她的外祖父！

我前面已經說過了，古埃及的辭典裡沒有「亂倫」這個詞，爲了保持姓氏的傳宗接代，皇室大家庭的兄弟姐妹姑嫂叔侄祖輩孫兒之間通婚的事時有發生，沒人理會遺傳學上染色體的交叉問題。

可圖坦卡門的妻子不想和自己的外祖父結婚，在四顧沒有合適人選的情況下，她擅自給鄰國的西台國王寫了一封信，請求他賜給她一位夫婿。

鄰國的西台國王一貫與埃及互爲鄰敵，接到信後不免心生疑惑，以爲其中有詐，於是趕緊派人去埃及探查實情。當他得到消息，圖坦卡門確已死亡，他的妻子也的確在守寡，於是便迅速地遣送了自己的一個兒子前往埃及，去與圖坦卡門的遺孀完婚。

死人的事不幸又發生了。圖坦卡門的妻子並沒有等到鄰國的王子，他在邊境被人半路刺殺了。

看來，圖坦卡門的遺孀最後不得不與自己的外祖父結婚了，她也確實那樣做了。埃及從此出了一位沒有皇家血統的法老，歷史上也多

出一段被人們津津樂道、反覆編撰的野史。

不知道是不是眞有「善有善報，惡有惡報」這回事，Ay在婚後只活了四年，就死去了。他的葬身墓地不久被人掘開毀壞，他的木乃伊被人盜走失蹤，就連他的名字也被人從法老們的名册中删除。

當然，以上是後人們，也就是那些考古學家們、遺傳學家們、生物學家們、歷史學家們，大報小報的記者們和雜誌緋聞的撰稿人，根據自己對史料的篩選和需要而演繹出來的。沒有人眞正確切地知道三千年以前的古埃及，在深宮的高牆裡究竟發生了些什麼事情。

另一種說法是，圖坦卡門的早逝是由於他的家族病史中，有一種罕見的遺傳病，叫做「馬福斯病菌」（Marphus），圖坦卡門是因爲患上這種病而暴死的。

人們形容這一類病人，通常頭骨比常人的大，肚皮鼓脹出來，盆骨如女性般狹小。一些科學家以圖坦卡門木乃伊的X光照片爲證，顯示出他的骨骼結構正有此種特徵，同時又以他父親在古埃及各地神廟中的雕像爲依據，判斷出圖坦卡門之死是與他不幸的遺傳基因有關。

圖坦卡門父親King Akhenaten的雕像的確令人不敢恭維，他有一個與身體極不協調的大腦袋，四肢細長，罐子一樣外凸的腹部，外貌畸形而又醜陋，看上去眞讓人容易對他的基因品質打個問號。

這無疑暗示出近親繁殖的不良結果。

我不知道該相信哪一種說法更好，也並不在意誰的論斷更真實可信。因為，不管圖坦卡門的故事有著怎樣離奇的背景，他的黃金面罩此時此刻正活生生地擺在我面前，使我與身邊其他遊客一樣，身不由己地被這個精美絕倫的藝術品所牢牢地吸引住了。

這是個24Ｋ金的純金面罩，重達11.5公斤，與圖坦卡門真人面孔完全一致，就連法老本人臉上有一塊傷疤，面罩上都將它真實地刻得清清楚楚。

特別是面罩上的一雙眼睛，深紫色的水晶與月白色的石英和諧相配，明暗有致，看上去雙目凝視，炯炯有神；眼睛上方飽滿的前額盤踞著一條凶猛的眼鏡蛇，正高聳著臨戰前微微弓起的扁平身軀，千鈞一髮地隨時為保衛法老投入搏鬥；象徵著帝王權利的披肩假髮和垂直的長鬚更為圖坦卡門的面孔渲染上莊嚴靜穆的神情。

我呆呆地凝望著圖坦卡門那端莊得有些憂傷的面孔，身旁不絕如耳地響著博物館管理員「不許拍照」的不斷厲聲高喝和三三兩兩「喀嚓喀嚓」按動快門的聲音，有人大概是聽不懂英文，或者是假裝聽不懂英文。

我也很想將這金碧輝煌的頭像拍攝下來，它實在是太美了！可我又很擔心，不知道鎂光燈的閃亮會不會真的激怒死去的法老？

我想到神秘的法老咒語，想到相關一系列聳人聽聞的傳說。

世界上果然有「法老的咒語」這回事嗎？

　　根據介紹，圖坦卡門的墓穴被打開時，這位年輕的法老沉睡的地方共有四個墓室，其中被稱為棺室的房間，由兩只狼首武士把守著，裡面放著四只金色的神龕，從大到小，層層相套，最後一只裝著圖坦卡門的棺木。

　　棺木同樣不只一具，而是三具，也是從大到小，層層相套，最外面的兩具是彩繪木製的，最裡面的一具是純金製成的，重達110.9公斤。

　　金棺內躺著圖坦卡門的木乃伊，頭上當時罩著的便是此時此刻擺在我面前的這個黃金面罩。

　　此外，在其它三間墓室裡，堆放著不計其數的寶物：

　　四周鑲著怪獸的金床；

　　包金的古代四輪戰車；

　　巨大的鍍金獅子和武士雕像；

　　金柄鐵刃的長劍；

　　真人大小的國王木像；

　　黃金縷衣，鞋子和各式珠寶；

　　狩獵用的武器；

　　船隻模型；

　　黃金手杖和腳墊；

　　精緻的餐具寢具煙具；

　　國王寶座；

　　四周鑲滿了寶石，座椅背面繪有精美的彩圖，描繪著圖坦卡門正與愛妻含情脈脈地相視而坐，相互往彼此的身上塗抹香料，二人

世界的柔情蜜意溢滿畫面；

……。

粗略地算一算，幾乎超過一萬件，每件都是無價之寶。

這麼多大大小小的寶物，在長達三年往外搬運過程中，真把整個世界嚇了一跳。人們頭一次看到古埃及的法老們，為了保證他們的來世繼續享受舒適的生活，陪葬了多麼如此龐雜的生活用品和衣物，並且照這樣推算起來，像圖坦卡門這樣名不見經傳的小法老尚且如此，那麼，諸如拉美西斯二世（Ramesses II）、塞提一世（Seti I）、圖斯毛塞斯六世（Tuthmoses VI）那些赫赫有名的大法老，他們的墓葬該是何等的豐富。

可惜，這一切如今已經無法考證，無所不能的盜墓者們，在幾千年的悠悠歲月裡，不慌不忙地搶在考古學家們的前頭，將帝王谷的法老墓穴痛痛快快地洗劫一空。更可悲的是，為了使寶物容易脫手，他們還常將寶物融入火中，煉成金塊金條，以至於大量古代珍貴的藝術品，就這樣在跳躍的火苗中永遠地消失了。

圖坦卡門的墓穴得以逃脫盜墓者們的搜尋，堪稱是人間奇蹟。

而這，是繼謀殺的故事之後又一個撲朔迷離的故事。

在圖坦卡門的墓穴被發現之前，世界上發生了三件獨立而又相互關聯的事件。

第一件事。西元1140年，一群採石工人受僱在帝王谷挖掘拉美西斯六世的墓穴，他們工作得十分辛苦，因此為了省事，他們將刨出來

的石塊沙土，就草草地就地丟棄了，恰巧不偏不倚地堆在了圖坦卡門
墓穴的入口處，結果將圖坦卡門已經被遺忘兩個世紀的墓穴，更加嚴
密地遮擋起來，使它幸運地躲過了後來的盜墓者們。我們且稱這個細
節爲第一個伏筆。

　　第二件事。西元1893年，一名英國畫家霍華德‧卡特（Howard
Carter），偶然而又幸運地被一家研究機構選中，派往埃及去臨摹法老
神廟中的浮雕和銘文。不料這次短期出行，卻使這位年輕的畫家對埃
及的藝術著了迷，love at the first sight，他執意改行研究出土文物，
也居然順利地在埃及文物局的古蹟名勝部門謀到了一個職位，從此將
返回英國的念頭拋到九霄雲外。他在工作之餘，常常跑到荒山野嶺，
在亂石叢塚中流連忘返，深信在帝王谷內必定還有未被發現的王室墓
穴，或者在遺棄的古墓中還有可能找到意外的珍貴文物。可惜他那時
形隻影單，又沒有財力支援，始終一無所獲。這要算做第二個重要的
伏筆。

　　第三件事。西元1901年，一位英國伯爵卡納馮（Lord
Canarvon），在德國斯克渥巴溫泉駕車旅行時，意外地翻車致殘，整
個胸腔遭到嚴重損害。醫生認爲英國潮濕多霧的氣候實在不利於他的
肺部健康，便建議他到溫暖乾燥的埃及去過冬。卡納馮於是每年冬天
都躲到埃及，他漸漸喜歡上了那裡，閒暇之餘還對文物考古發生了興
趣。在一次偶然的機會中，他經人介紹結識了霍華德‧卡特，二人一
見如故，有錢有勢的伯爵立即聘請卡特做他的技術顧問，付給他四百
英鎊的年薪，並想辦法謀到了一張發掘古墓許可證，於是開始在帝王
谷內展開了有規模的探險。此爲關鍵的第三個伏筆。

這眞是有趣極了。

如果圖坦卡門的墓穴沒有被採石工們掩蓋住，它恐怕早被某位貪婪的盜墓者捷足先登了，圖坦卡門的黃金面罩說不定在一堆熊熊大火中，無奈地融爲一坨分量可觀的金塊；如果卡特沒有被派到埃及臨摹繪畫，他恐怕一輩子無聲無息地住在英國，規規矩矩地當一個普通畫家；如果卡納馮沒有「塞翁失馬」遭逢車禍，他也不會經常居住埃及，恐怕仍舊在歐洲四處遊蕩，洗溫泉、泡酒吧、圍獵野狐狸，直到花光了祖上的遺產，晚年時與自己的愛犬相依爲命混日子罷了。

謝天謝地，所有的「如果」都沒有成爲事實，而眞正的情況是，圖坦卡門的墓穴被先人的沙石掩護得好好的，靜候在帝王谷內的一處安全的角落，等待有人將它從黑暗中發掘出來重見天日，而卡特和卡納馮正好踏破鐵鞋無覓處，在帝王谷的大小山頭辛辛苦苦尋找它。

最初的十幾年，沒什麼結果。

卡納馮伯爵投入了大量的金錢，卡特投入了大量的精力，可是卻進展甚微，除了掘出了一個底比斯大貴族的墓穴以外，便沒有更加精彩的發現。

他們幾乎要放棄了這項工作。

事實上，他們已經決定偃旗息鼓了。

就在工人們拆除工具棚，準備打道回府時，奇蹟發生了。

在沙土碎石的棚子下面，露出了一塊巨石，用手試著掰拉幾下，巨石底下竟然是一條通往下方的階梯，繼續挖掘，又顯示出另外三段石梯，緊接著，在階梯的終點，出現了一座封著口的古墓，正面蓋著死者之神的印章和一個不爲人知的法老的名字：圖坦卡門！

　　這個發現實在讓卡特驚喜不已，他馬上將墓穴重新遮掩好，並連夜派人把這消息通知給遠在英國的卡納馮伯爵。

　　1922年11月26日，這是個舉世難忘的日子。

　　卡特與伯爵雙雙激動萬分地站在打開了封口的墓門面前，身旁同時還有二十多個經過特許參觀啓封的見證人，政府官員、考古學家、富豪顯貴，人人屏聲凝氣，不知道命運之神將會呈現給他們什麼。

　　爲了尋找法老墓穴，他們花費了整整二十年的時間，兩場無產階級文化大革命，眼前等待他們的，不知會不會又是一座被竊賊們光顧過的空穴。

　　卡特手指顫動地鑿開墓門的一角，伯爵緊貼在他身後，專注地看著洞口一點一點地擴大。

　　當鑿開的缺口可以伸進手電筒時，卡特迫不及待地瞪大了眼睛，吃力地向暗處張望，時間似乎一下子凝滯了，他呆呆地定在那裡，張著嘴巴，半晌說不出話來。

　　伯爵緊張得喘不過氣來，焦急萬分地在他身後詢問，「你到底看到了什麼？」

　　卡特語無倫次地喃喃答道，「我……我看到了，一個奇蹟，一個了不起的奇蹟！」

　　伯爵顫抖地從卡特手裡接過手電筒，探頭向洞口望去，立即觸電般地僵立在那裡，展現在他眼前的，是滿屋的奇珍異寶！

　　二十多位客人，依次上前觀望，轉過身來時，個個滿臉驚異，伸直兩臂攤開雙手，不知怎樣表達他們親眼看到的景象。

　　這個驚人的發現，震撼了卡特和伯爵，震撼了在場的每一個人，

也震撼了整個世界。

按卡特自己的話來說，「……the day of days, the most wonderful that I have ever lived through, and certainly one whose like I can never hope to see again。」（這是我一生中從未經歷過的最輝煌的日子，一個永不會再重現的日子。）

當然，按照事物通常的規律，也是樂極生悲，否極泰來的日子。

其實，端倪已經早就潛伏在暗處了。

就在卡特們打開香檳，召開記者招待會，歡天喜地慶祝的時候，一股濃濃的不祥陰雲，正一點點地聚集在他們的頭上。

據野史披露，早在圖坦卡門的墓穴被發現的前兩個月，卡納馮伯爵便收到了一封奇怪的信，勸他立即停止在埃及挖掘古墓，並且警告他，如果繼續下去，他會遭到法老的咒語的懲罰。

伯爵是個文明人士，從來不相信咒語巫術的無稽之談，他輕蔑地將來信丟在一旁，不屑一顧。

不料，圖坦卡門的墓穴公布於世的兩個月後，伯爵突然染上了肺炎，高燒持續不退，緊接著竟然莫名奇妙地死去了。而起因只是在圖坦卡門的墓穴裡，被一隻小小的蚊子叮了一下，受到了感染。

更令人不可思議的是，就在他去世的那一刻，醫院裡的燈突然熄滅了，隨即，整個開羅市的燈火全部突然熄滅了，而遠在英國的卡納馮伯爵的愛犬，同時也煩躁不安、不停地悲哀嚎叫，然後倒在地上斷氣死去。

人們開始流言蜚語，各類大小報紙也作出種種猜測，有一家報紙甚至登出了法老的咒語，「They who enter this sacred tomb shall swift be visited by wing of death.」（對那些進入墓室聖地的人，死神的翅膀將籠罩他。）

　　據說，在卡特他們進入圖坦卡門的墓穴時，這段話就刻在石門上。

　　又有一家報紙說，在墓室眾多的寶物中，有一個陰沉沉的石雕豺狗，曾守護在神棺旁邊，在它的身上也有一段咒語，「It is I who hinder the sand from chinking the secret chamber. I am for the protection of the deceased. And I will kill all those who cross this threshold into the sacred precincts of the Royal king who lives forever.」　（我是阻止沙石進入密室的衛士，我為死者守護。我將殺死所有那些邁過這道門檻，企圖進入永生不死的君王聖地的人。）

　　那些邁過門檻的所有人，也就是說，不論是盜墓者還是科學家，不論他們的動機和方式，只要他們進入法老的墓穴，一律將受到咒語的懲罰。

　　這聽上去確實是夠令人膽戰心驚的。

　　而伯爵死後，考察隊內又接二連三地發生駭人事件，也十分令人不可思議。

　　先是卡納馮伯爵的兄弟赫伯沃，患了奇怪的胸膜炎，不治而死，他曾熱心協助卡納馮，是考察隊裡一位十分活躍的人員。

　　接下來，考古學家莫瑟，不知怎麼回事開始神經錯亂，所有的醫生都無法解釋他的狂躁和囈語，只好眼睜睜地看著他痛苦死去。他曾為考察隊做了大量的野外勘探工作，並在挖掘圖坦卡門的墓室時，主張推翻一堵牆，從而發現了圖坦卡門的木乃伊。

攝影師阿奇伯特利得教授，突發高燒，身體驟然虛弱，回到倫敦不久便迅速死亡。他曾爲考察隊拍攝了許多照片，並爲圖坦卡門的木乃伊揭開裹布，用X光掃描法老的屍體。

行政人員理查德貝爾德，一向樂觀開朗，卻傳來自殺的噩耗。他的媽媽百思不解地告訴別人，他臨死的那一晚，精神愉快，神志清醒，完全看不出會在半夜莫名其妙地結束自己的生命。幾乎所有出土文物的目錄都是由他編製，他幫卡特做了繁多的文案工作。

更有甚者，他的父親在第二年，也同樣在自己家中跳樓自殺，他家人說，在他臨死前數日，曾反覆重覆，「太恐怖了，太恐怖了，我再也無法忍受了。」他沒有直接參與考察隊的工作，卻順手牽羊拿了一個圖坦卡門墓中的花瓶，擺在家裡做擺設。

埃及博物館的館長米格梅克萊，年僅五十二歲，突然心臟病發作過世。他曾專門負責將文物從圖坦卡門的墓穴運出，在臨死前的幾個星期，他還對朋友說，「我這一輩子都在做文物和考古，親手處理過不計其數的木乃伊，我才不信什麼咒語的鬼話，你看，我不是活得好好的嗎？」他說這些話時，大概忘了要馬上敲敲木頭。

短短幾年，參加考察隊的人員先後離奇地死去，這自然引起人們廣泛的猜測，各種各樣的傳聞也由此應運而生。

叫人百思不解的是，發現法老墓穴的最關鍵人物霍華德卡特，卻安然無恙地躲過了法老的咒語，長期深居簡出，直到1939年，他六十五歲生日時，才無疾而終，那一年，也是圖坦卡門墓穴公諸於世的第十七個年頭。

據有人專門統計，在1922年11月26日那天，正式打開圖坦卡門的

墓穴時，共有二十二個人經過刻著咒語的墓門，每一個人都在當時已相當活躍的新聞媒體追蹤之下，被詳實地報導了生老病死的所有細節。這種熱情一直持續到卡納馮伯爵的女兒埃維琳霍伯特在1980年去世爲止，她是那時在場的唯一女性，就站在她父親的身旁，目睹了開啓墓門的全部經過。她活得時間最長，享年七十九歲。

我向來不信鬼神，對巫術咒語之類的蠱惑也一貫敬而遠之，可我的小女兒對法老咒語卻是篤信不疑，她最近正在看一個電視節目「Mystery Hunters」，終日陷在各種各樣奇幻詭秘的臆想和恐懼裡，譬如說，一大群兀鷹獰笑地張開翅膀飛過白骨累累的大地，惡魔正血淋淋地啃吃小孩的手指，巫婆的眼睛在暗處發射出紫綠色的幽光……等等。她再三地告訴我，「媽媽，去帝王谷時，我可不要進到任何墓穴去參觀，我在外面等你們。」「媽媽，盯著哥哥，千萬別讓他去摸木乃伊，也別去摸墓室的牆壁，不然他的手會爛掉的。」「媽媽，你們在裡面可別照相，不然洗出來的照片會有鬼影，晚上會遛到我的房間裡來。」「媽媽……。」 直聽得我耳朵幾乎磨出了繭。

我不否認，法老的墓穴裡會有咒語。古埃及人將它們刻在法老們的墓門或是棺材的壁板上，主要是爲了保佑死去的法老們順利穿越地獄之門，嚇退那些在陰間企圖阻止他們的怪獸，以便疏通道路，平安到達天堂。 如果能順便把人世間那些貪心的竊賊嚇得不敢接近墓地的話，當然更好了。

不過，它們只會「frighten」，不會「kill」。

倒是另外一些科學家們和醫生的解釋，多少使人有點信服。

一種解釋是病毒說。很多醫生都相信這個觀點，根據他們多年的

臨床經驗，常年在古墓工作的考古學家們，體內都潛伏有一種罕見的
病毒，能夠引發呼吸道炎症。這種病毒似乎大量存在於古墓裡，比如
說墓室牆壁上彩色繪畫的顏料，配方裡就含有砒霜；木乃伊身上的裹
屍布表面，也依附著成千上萬的微型細菌。這些東西在密不通風的墓
室裡，沉睡了上千年，一旦遇到空氣，便會活躍起來。再說了，古埃
及人那麼聰明，造得出金字塔，製得出木乃伊，難道發明不了毒氣
嗎？他們肯定有不少玄妙的秘方，能夠在封閉法老墓穴的最後時刻，
或是點上一批浸有砷液的蠟燭，或是灑上滿地的大麻白粉，讓它們滯
留在墓室內發揮作用。我記得曾在一本書上看到，他們甚至也很精通
解毒的辦法，比如說用油和蜜混合少女的糞便，可以除去某種毒素；
用豬眼睛配上蜂蜜填進瞎子的耳朵裡，可以使他們重見光明；貓、
驢、豬的大糞當然臭氣薰天，但是加入一些其它的古怪東西就會成為
靈丹妙藥。不過，我可不想去嚐試就是了。

　　那些一天到晚與古墓打交道的人，在陵寢裡進進出出，長期吸入
這類病毒，久而久之便會患上肺炎，導致死亡。

　　另一種解釋是黴菌說。法國的科學家認為導致考古學家喪命的不
是病毒，而是黴菌，它們主要來自法老們死去時陪葬的食物。古埃及
人喜歡在法老的墓室裡擺很多吃的東西，生怕法老們在地底下找不到
足夠的吃食，餓壞了肚子。可是食物是會腐爛的，在法老們還沒有來
得及享用它們時，它們已經不幸變成有機物質，產生了大量黴菌。考
古學家們進入墓穴後，呼吸了這類黴菌，便會高燒不止，窒息而死。

　　最後一種解釋是核輻射說。一些埃及的教授們是這麼認為的。據
說，古埃及人在建造墓穴和製作木乃伊時，用了特殊的材料。從這些

東西上已經測出了強烈的核輻射波，考古學家們就是被這些放射物傷害的。

　　不管怎麼說，這一切在我看來都非常的不可思議。無疑的，圖坦卡門的故事和圖坦卡門的出土文物都是考古史上空前絕後的偉大發現，他神秘地死去，他的墓穴內完整而又豐富的陪葬品，他令人畏懼的可怕咒語，挖掘者們的離奇命運，統統使埃及博物館內有關他的所有展品，充滿了難以抵抗的吸引力。

　　看過圖坦卡門的陳列物之後，二樓展廳內的其它東西就多少有點黯然失色了。

　　我們的兩個孩子，對他們來說還真不大容易，跟在我們身後從頭到尾觀看那些文物，算是相當有耐性了。當然有些展覽物品孩子們還是挺感興趣的，比如那些五花八門的動物木乃伊，便讓人大開眼界。

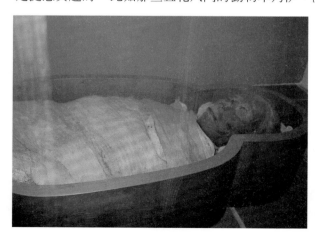

木乃伊

　　我過去在電視上看過人類的木乃伊，動物的木乃伊還是頭一回看到，而且是實物實景。

　　這真是神奇，但凡天上飛的，地下跑的，水裡遊的，各式各樣的動物，只要是法老們生前喜愛的，都被做成了木乃伊，面目呆滯地隔著玻璃櫥窗，與我們無聲無息地對視。

　　我相信牠們很不情願被人製成木乃伊，也很不情願從法老們的墓穴裡被人搬進博物館。當牠們活著的時候，享受到法老們的寵愛，吃好、喝好、玩好、住好，可謂是奢華一生，比人還要幸運。不過，一旦牠們的主人去世，不管它們的意見如何，也得被人宰殺，裹上藥布，一動也不能動地埋葬在地底下。

　　被人「喜愛」的代價有時實在是太大了。

　　我同情地望著那些木乃伊，努力從其形狀上辨別出牠們曾經是八哥、獵狗、鷺鷥、老鷹、公鵝，還是鱷魚。

　　是有鱷魚的，兩公尺多長，嚇人地趴在寬大的平台上。

　　而這些動物木乃伊中，最常見的，莫過於貓的木乃伊。

　　埃及人對貓情有獨鍾，大概是全世界數一數二的。

　　我也很喜歡埃及貓，它們確是同類中的佼佼者。花斑短毛，身段修長，琥珀色的眼睛閃著幽幽熒光，臉和尾巴飾有野性風格的細紋，性情卻溫和馴服，動作也十分優雅，即使是在吃東西的時候，也是不慌不忙，細嚼慢嚥的，它們大概從生下來以後從來沒有嚐過挨餓的滋味。當然了，怎麼能餓著它們呢？埃及人寧願自己沒飯吃，也要把貓餵飽。

我想，大概是埃及貓比其它的貓更加聰明伶俐、善捉老鼠，這對一個以農業為主的國家來說，實在是件大事。在埃及，老鼠每年吃掉大量農民們辛辛栽種的糧食，因此人們認為貓是上天派到地上幫助人們生存的靈物，需加倍地珍惜疼愛，若是有朝一日死去，主人甚至會將自己的眉毛剃掉，以昭告天下。

人們還在Bubastis城鎮修建了一座供奉Bastet貓神的巨大廟宇，每年都舉行隆重的祭祀活動，埃及人將貓看作是眾神之父、太陽神的女兒。

直到今天，貓在埃及各地仍比其它寵物受到禮遇，它們經常在街道上大搖大擺地散步，連橫衝直撞的計程車司機對它們也不敢怠慢，你知道嗎，在埃及殺死一隻貓，是嚴重的犯罪行為。

而且，貓還被容許偷吃東西，人卻不行，偷竊罪在古埃及要被砍掉一隻手，遠遠不如貓那樣被寬容。常會在法老的墓穴的壁畫上，看到法老們儀態萬千地坐在擺滿珍饈的桌子上吃東西，而貓，則大大方方地蹲在桌子底下，與主人一同分享美味。

即使如此，貓在主人去世之後，仍逃不脫被捉來製成木乃伊的命運。

我默默地觀望著眼前櫥窗內陳列的一隻貓木乃伊，它比真貓看上去大一些，除了頭部還保留著貓的形狀之外，其餘部分都被布條裹成上窄下寬的圓柱，直直地立在那裡。想到牠生前一定享遍人間富貴，死後又被萬人瞻仰，不知是該替牠高興還是替牠難過。

埃及博物館的閉館時間是下午五點整，我們緊趕慢趕，算是把全館的多數地方看完了。按理說應該心滿意足了，可不知為什麼，我感覺卻依舊是空蕩蕩的，似乎什麼都看了，又似乎什麼都沒記住。

　　想起我朋友的忠告，參觀博物館最好的策略是，分兩次去參觀。第一次是先獲得一個大概印象，第二次是在最感興趣的地方詳細觀看。

　　我們此行還有機會再來埃及博物館嗎？

　　恐怕不會了，所有的時間都已經排得滿滿的。

　　走出埃及博物館，正是夕陽西下時分。看看表，距離我們晚上乘火車去盧卡索，還有將近三個小時的時間，於是我們決定步行走回酒店，沿路正好觀看開羅的街景，印象中埃及博物館到我們酒店的路程並不算遠。

　　果然如此，從埃及博物館出來向左拐，過一條馬路，便是橫架在尼羅河上、連貫東西兩處城區的Kubri 6 October大橋，順著橋頭階梯上行，幾分鐘之後便到了橋上，放眼望去，我們的酒店就在河對岸玫瑰色的晚霞籠罩之中，相距不遠。

　　我們沿著大橋上的人行道向對岸走去，一面快活地呼吸著從腳下的尼羅河裡漫上來的濕潤而又涼爽的空氣，一面由衷地慶幸沒有搭乘計程車。

此時的馬路上，行人和車輛明顯地比中午多出好幾倍，大概是因為正值下班高峰期間，整個開羅街頭真可以被形容成是一座混亂不堪的古戰場。

所有的車輛都像救火車那樣，迫不及待地高聲鳴叫著為自己開路，道路上完全辨不出任何車道線，凡是有一點空隙的地方都會有十幾部車爭先恐後地猛插進去，喇叭聲、咒罵聲、拍打車頂的抱怨聲，此起彼伏地糾纏在一起。

而行人們，則像敢死隊員那樣，挽著袖子、頂著背包，在前仆後繼的滾滾車輛洪流中，機警而又義無反顧地迂迴穿行。

公共汽車不論在哪個國家都享有自己的專用道路，可在這裡卻毫無優先權，儘管它們開在靠近馬路的標記線路上，還是被那些各色車輛所排擠，整條路被擠得水洩不通，不得不耐著性子慢騰騰地在路上匍匐。它們看上去大都慘不忍睹，車內不僅塞滿了人，而且車身的四周凡是能夠有扶手有踏板的地方，也都擠著無數僅靠單手單腳站立在車上的人們。到站時還不等停穩，便有人馬上從車上跳下來，又有人馬上跳上車去，好像搭車不用錢一樣。

而且公共汽車們似乎也不打算真的在車站停下來，只是在接近站牌時，稍稍減緩一點速度，然後任由人們憑著自身技巧的好壞，像猴子那樣自由地攀上攀下，這當中，有年輕人、有小孩、有老人，甚至還有一跛一拐的殘疾人。

這景象，真讓我們看得目瞪口呆。

我們不由得緊緊貼著橋上的欄杆走著，生怕有哪輛車被堵得不耐煩時，「嗚」的一聲衝上人行道撞上我們。

這可是說不定的，在這種毫無交通規則、毫無人間秩序、毫無互相體恤的地方，什麼事都有可能發生。

終於，謝天謝地，我們總算走完了大橋，隨即轉到一條較小的馬路上，心裡才算是一塊石頭落了地。

回到酒店，稍微整理了一下行裝，將大件的東西暫時寄存在酒店，只隨身帶上足夠三天換洗的衣褲，早早地叫一輛計程車，提前趕到火車站，以免被塞車耽擱在路上。

出了酒店，由酒店的門衛招手叫來一輛等在一旁的計程車。

開車的是一位相當漂亮的埃及小伙子，我先生告訴他，我們要去中央火車站，他說要二十埃鎊，我先生試探地說，十埃鎊，他二話沒說，點了點頭，還沒等我們屁股坐穩，便猛踩油門，「蹭」地上了大馬路。

看過法國電影《終極殺陣》（TAXI）嗎？這個開車的小伙子，簡直就是電影裡那個法國司機的化身，目空一切，橫衝直闖，任憑警察、土匪四面八方堵截，仍舊我行我素地勇闖險關。

問題是，如果我們僅僅是觀眾，自然會津津有味地欣賞一連串的驚險表演，可如果我們不幸正坐在這樣一輛「飛車」裡，那種分分秒秒的驚嚇，便不是什麼好玩的事情了。

這位埃及小伙子，大概是晚飯吃得暢心如意，與女朋友也正在濃情蜜意之中，老闆或許剛剛拍著他的肩膀答應加一點薪水，所以此時此刻意氣風發，渾身是膽。

只見他一手握著方向盤，一手不停地梳理著光滑的頭髮，隨著播音器裡流瀉出來的埃及音樂，將車子開得像一只矯健的美洲豹子，在馬路上車流如織的行列裡瘋狂地穿梭。

我和兩個孩子坐在汽車後座上，早已魂不附體地將彼此的手緊緊地握住，以防萬一撞車飛出窗外，也可同生共死在一起。我先生則坐在前面，一面頭冒冷汗，一面低聲地對小伙子咆哮，「Be careful! Be careful!」

可這小伙子卻不以為然地衝我們笑了笑，仍舊興致勃勃地向前飛馳，超車時左右兩邊雙管齊下，拐彎時根本不打方向燈，遇到黃燈猛踩油門呼嘯而過，明明駛在中線卻瞬間心血來潮猛然竄到路邊而且毫不減速。

我先生實在忍無可忍，大聲喊道，「夠了，夠了，快停車，我們要下去！」

小伙子卻不急不徐地說，「當然，這兒就是火車站。」

原來，他從馬路中線突然竄到路邊，是因為他瞥見了火車站的路牌。

真讓人哭笑不得。

我們打開車門，迫不及待地鑽了出去，為自己的雙腳能夠重新腳踏實地而萬分欣喜。

小伙子幫我們從後車廂裡取出行李，關好車門，便徑直回到司機座位上。

這又令我對他生出驚異。

通常埃及的計程車司機在到達目的地之後，都會站在一旁堆著笑

臉等著客人付車費，嘴裡還喋喋不休地要求再加一些小費。

　　而這個小伙子，放下客人便自顧自地回到車子裡，大有「付多少錢，你看著辦吧。」的架勢。

　　我先生當然是按原先講好的價格從車窗裡遞給了他。

　　他收好了錢，一踩油門，又一溜煙兒似的不見了蹤影。

　　我先生對我說，他倒有點喜歡這個小伙子，挺有個性的。

　　我說，有什麼個性，不要命的個性，不但自己不要命，也替乘客把命搭上，下次無論如何，我可說什麼也不坐年輕小伙子開的車了。

　　進了中央火車站，著實把我嚇了一跳，裡面萬頭鑽動，喧騰採雜，活像一座大型的競技場。

　　就在我們一臉困惑，站在入口，拿不定主意要朝哪個方向走時，一位中年埃及人適時地朝我們走來。

　　「是去盧卡索嗎？軟臥？跟我來。」他熟練地招呼我們。

　　我們像遇到救星似的，緊緊尾隨在那人的後面。

　　他帶著我們左拐右拐，很快來到一個進站口，「就在這裡。」

　　我們忙不迭地向他道謝，他卻笑瞇瞇地向我先生伸出手來，「小費。」

　　小費？我們還以為他是車站的工作人員，專門站在門口疏導旅客的，誰知道竟然是個以「助人為樂」為賺錢方式的「個體戶」，真讓人跌破眼鏡。

　　我先生塞給他五元埃鎊，他接了過去，卻沒有走開，說他幫我們

全家四個人帶了路，應該給他六埃鎊。我先生聽了有點摸不著頭腦，便問他爲什麼。他有條不紊地說，通常他爲人帶路，一個大人是兩埃鎊，因爲我們家有兩個孩子，半價，全家加起來應該是六埃鎊。

我先生差點沒笑出聲來，又塞給他一鎊錢，說「你這個收費可是先斬後奏。」

那人連聲稱是，心滿意足地走了。

我兒子馬上受到了啓發，聲言他很樂意幹這個活兒，每天在火車站裡蹓躂那麼幾趟，無拘無束沒有上下班時間限制，想多賺錢，辛苦一點，不想多賺錢，懶散一點，遇到冤大頭外國佬發善心，還能僥倖發一筆小財，這眞是天下難找的美差，說不定一個月下來，薪水比火車站長都多。

「而且每天走路，還順便鍛練身體呢！」我的小女兒也在一旁躍躍欲試。

「是啊。」我隨口應道，心裡卻爲這些人無孔不入的賺錢手段感到不以爲然。我們又不是眞的找不到站台，何況車站內隨處都有阿拉伯文和英文的雙語指示牌，就像此時立在我們頭上方的牌子，醒目地寫著「盧卡索」（Luxor）三個字。

而且旁邊的售票窗口還開著，裡面還有人。

我不禁好奇起來，難道這時侯還在賣票，不是聽旅行社的人講，去盧卡索的火車票很難買，必須提前預訂，否則根本不可能買到當天的車票嗎？

我一邊想著，一邊朝售票窗口走去。

一位滿臉倦容的中年男人正無聊地坐在裡面，旁邊放著一杯喝了

一半的濃茶。

「哈囉，」我向他打招呼，「這裡是賣去盧卡索的車票嗎？」

他懶洋洋地伸手往窗口旁的一張髒兮兮牌子一指，並沒有說話。

我向那個牌子看了一眼，頓時愣住了。那上面有一段白紙黑字寫得清清楚楚，「盧卡索，軟臥，一百美元，無學生優待票。」（Luxor First Class Sleeping Train USD100 No Student Fees）

而我分明記得我們付給旅行社的票價是160 歐元一個人，大人小孩同價。

我簡直不肯相信這個事實，結結巴巴地問那售票男子，「軟臥的票是一百美元一張嗎？你還有當日的車票嗎？」

他仍舊懶洋洋地說，「是啊，你要幾張？」

「謝謝。」我訕訕地說。

這時，我先生也跟了過來，他也立即看到了那張價目表。

我們四目相視，瞠目結舌地說不出話來。

臨來埃及之前，我們曾在阿姆斯特丹向好幾間旅行社收集了埃及的資料。事實上，我們的機票早在半年之前就已經訂好了，原來只打算到開羅，後來聽旅行社的人講，盧卡索也很值得一去，便在臨行前稍稍改動了一下旅遊計劃，將盧卡索放入行程之內。盧卡索距離開羅八百公裡，可以選擇乘飛機、乘火車、乘遊艇。

「乘飛機？」我的一位朋友聽後大叫起來，「千萬別坐埃航，我上次差點沒被嚇出心臟病來！」

「怎麼了，是不是挺不安全的？」我問。

她告訴我，豈止挺不安全，簡直是拿生命做賭注。特別是當飛機

降落的時侯，整個機艙好似醉漢般劇烈地左右晃動，全體乘客都緊張得頭冒冷汗，空中乘務員們一個個鎖著眉頭閉著雙眼坐在備用椅上，大概正竭力祈禱上蒼保佑，而她則拼命地在上衣的口袋裡搜尋原子筆，指望著在飛機墜毀之前，留下隻字片語，至少也得寫上爸、媽、老公、孩子的名字和「我愛你們」，以及「我在去年聖誕節買的那顆大鑽戒正被我藏在BABY的第三包尿布裡。」之類的最後遺囑。

可就在她的手指尖剛剛摸到筆管時，飛機在一陣令人絕望的痙攣中，猛然接觸到了地面上，還沒等她驚魂甫定，周圍已經響起了暴風雨般的掌聲，原來是大家正在激動地慶祝飛機和自己終於著陸了，人人竟然安然無恙！

她對我指天發誓說，「我再也不坐埃航了，哪怕多花點時間坐火車和輪船，命比什麼都重要。再說了，就算沒出什麼事，那種提心吊膽的驚嚇，和之後瘋狂的鼓掌慶賀，如此地大悲大喜，也損耗了上億個細胞，元氣大傷。所以呀，你們還是坐火車吧。」

沒錯，聽她這樣一說，我也同意，不論在什麼情況下，坐火車相對來說都安全多了，就算出了什麼意外，只要在地面上，便有僥倖生還的機會，可飛機，一旦出事，便只能聽天由命。

火車票並不便宜，軟臥幾乎與飛機票同價，而且還得提前預訂，提前交錢，否則根本買不到。「車票難買極了，如果你們現在不預訂交錢，我們可不能擔保明天是不是還有餘票。」幾乎所有的旅行社都異口同聲地說。

於是我們趕緊填寫支票，交了訂金，付了每人160歐元的票價，才覺得心裡踏實了一大截。

　　可想而知，當我們來到開羅的火車站，看到售票廳的窗口上寫著，去盧卡索的軟臥只要100美元，而且當天就可以買到時，自然驚訝得半晌說不出話來。

　　這陣子美元跌得相當厲害，每一百歐元可以換到一百二十多美元，算算看，旅行社和從中經過的每一隻手，從每一張車票裡得到了多少好處？

　　真是天下烏鴉一般黑。

　　終於，我們坐上了從開羅駛往盧卡索的火車。

　　我們一家四口住進了兩間相通的軟臥包廂，每間包廂裡有兩張可以放平的臥床，兩張折疊的餐桌，一個洗漱台，和勉強轉得開身的狹小空間。

　　經歷了一整天的奔波，外加計程車上的歷險，我們都疲憊不堪，和衣躺下，一覺即到天明。

3　Thebes: The Remnants Of Power

廢都盧卡索

　　盧卡索在四千多年以前，曾經是古埃及中王朝和新王朝時期的都城，築有無數宏偉的殿堂廟宇和帝王陵墓，被荷馬史詩稱爲「百門之都」，舊名底比斯。

　　隨著歲月的變化，如今的盧卡索只剩下東岸的兩座神廟和西岸的六十多座皇家陵墓，儘管如此，每年仍有大批遊客湧到這裡，從沉黯蒼涼的廢墟中，尋覓失落的古文明。

　　我們從盧卡索火車站走出來時，剛好清晨六點多鐘。

　　馬路上人跡稀疏，大多數店鋪還沒有開門，努力賺錢的計程車司機們已守候在外多時，見到旅客們出站，紛紛圍攏上來。

　　我們不由分說地被一位身手敏捷的司機「請」上了他的車子，說是十塊錢就可以載我們去事先預定的酒店Novotel，聽起來價錢便宜得讓人很開心。

　　可還沒等我們的屁股坐穩，那車子剛拐了一個彎兒，就不慌不忙地停了下來，司機笑容可掬地向我們宣布，「你們的酒店到了。」

原來這麼近！難怪這司機搶著要做我們的生意。

　　盧卡索的Novotel酒店自然沒有開羅的Marriott酒店那麼氣宇軒昂，但也不失舒適。我們住在六樓，站在陽台往下望，酒店花園綠樹成蔭，一汪清澈的露天泳池靜靜地躺在大理石階梯的甬道底下，咫尺之遙，便是寬闊的尼羅河。

　　還小學，在地理老師的嚴厲教鞭下，我便熟悉並牢記了這條世界上有名的大河，「它全長6695公裡，從非洲中部的維多利亞湖發源，流經九個國家，在地中海匯入大海。在埃及境內的1350公里，是最好的一段流域，……。」

　　最好的一段流域，為什麼呢？

　　我曾不知天高地厚地在課堂上舉手問過老師，地理老師以他那不容置疑的權威口吻不耐煩地回答，「最好的一段流域，就是說，它很少泛濫，懂麼？很少泛濫！」

　　懂啦。

　　我那時還小，但對「泛濫」一詞卻並不陌生，因為每當大人們說到「泛濫」這個詞時，臉上就會出現恐懼的神情。而我從電影上得到的記憶，河水泛濫似乎永遠與咆哮的洪流和漂浮的死屍有著糾纏不清的關係。

　　眼下，我倚著陽台上的欄杆，伸長脖子滿懷敬畏地注視著伸展在我面前的這條久負盛名的大河，它看起來平靜溫順，在剛剛從東方露面的太陽的照耀下，隱隱閃爍著細密的碎光。

尼羅河的另一側是神祕的帝王谷。

　　「你在看什麼呢？啊哈，尼羅河！」我先生不知什麼時候將身子探出陽台。

　　我挪了挪身子，讓他也站在我的旁邊，然後對他說，「知道嗎？埃及境內的尼羅河是整條河流最好的一段，因為它很少泛濫。」

　　「你在說什麼？」我先生揚起了眉毛，「你在哪聽到的？埃及的尼羅河好就好在它每年都泛濫一次。」

　　「真的？！」我覺得他是在開玩笑，「你是在哪聽到的？」

「我是在書上看到的，幾乎所有的書都是這樣寫的，不信，我們回家後，你自己去圖書館找幾本書讀讀。」我先生說得一本正經。

我不由得沮喪起來，原來我幾十年相信的東西，竟然不是事實，而「泛濫」一詞從我先生的嘴裡說出來，卻好像是一件好事。

「泛濫並不總是一件壞事。」我先生伸出胳膊繞著我的肩膀，想讓我輕鬆起來，「河水泛濫時，會沖到岸上，順便帶來許多亂七八糟的東西，這些東西便成為土壤最好的肥料。所以，埃及人用不著辛勤勞動，他們每年的前十個月都在家裡睡覺，只等尼羅河水在七月例行泛濫一次，九月份退水，十月份時他們才從床上爬起來，往自己被河水泛濫後鋪墊得又厚又濕又臭的土地上撒一些種子，然後再把幾隻豬啊、羊啊、牛啊什麼的趕到田裡，讓它們在裡面踏來踏去將種子按進土裡，接下去又回家睡大覺，只等著莊稼自己長大了。」

他的話把我逗樂了，也使我開始半信半疑，我想起一路旅行時遇到的那些埃及人，似乎個個看上去都是一付不慌不忙、怡然自得的樣子，大概真是祖上傳下來的遺風。別管大多數人的住房有多陳舊簡陋，別管大多數人的食物有多單調粗糙，也別管整個國家依舊貧窮落後，這些又有什麼關係？人們照常在一千多年以來幾乎毫無變化的古老生活模式中，過著心滿意足的閉塞生活，並且沒不打算要改變它。

這倒也是一種難得的生活態度。

只要活得快樂。

我倒是希望自己能享受到埃及人那種一天「三個飽一個倒」的悠閒日子，可惜卻做不到。

人在江湖身不由己，現代生活的快節奏和高頻率已經將每一個置

身其中的人牢牢捲入，終日忙碌，勞心勞力，甚至就連度假這樣本來應該躺在游泳池旁捧上一本書，一邊晒太陽、一邊打盹的好事情，也變成爲奔波在各個景點之間的馬拉松競走。

我們從陽台回到客廳，各自沖了一杯奶茶，還是不能免俗地忍不住開始討論在盧卡索逗留的三天，該如何遊遍所有的地方，利用每一秒鐘每一分鐘，都不能浪費，也就是說，讓自己在這三天裡緊張得喘不過氣來。

自然，盧卡索神廟和卡納克神廟是本市的必遊之處，它們就在城裡，最好安排在第一天，剛剛坐了一夜火車，不至於太辛苦。第二天和第三天去帝王谷和皇后谷，這是此行的重點，在尼羅河西岸群山重疊的峭壁裡，隱藏著六十多位古代法老的陵墓，我們兩天看得完嗎？恐怕四十八小時不吃不喝不睡覺不上廁所也辦不到，到時候看情形再說了。

埃及的冬天眞是個令人愜意的季節，太陽暖暖的，空氣潤潤的，穿一件薄薄的棉布襯衫和寬鬆的便褲，外出步行，簡直舒服極了。

而且，出人意料地，在此地一年當中最好的戶外活動季節，遊客們卻不多，大概多數人都不願意選擇聖誕節前的一個星期外出旅遊吧。想想也是，過節之前讓人操心的事還不少呢，聖誕樹下全家人的禮物準備得不夠怎麼辦，聖誕大餐的雞鴨魚肉乳酪酒水採購得不充足怎麼辦，親朋好友的聖誕卡寄晚了怎麼辦，這些都是不容疏忽的事，怎麼可能在聖誕節的前一周掉以輕心地跑到外面度假呢？就是去天堂

也不能夠選在這個時候呀。

　　我們也同意聖誕節時最好待在自己舒適溫暖的家裡。

　　記得旅居荷蘭的第一個聖誕節，我們想反正是在異國他鄉無親無故，反正是一家四口人自己孤零零地過節，不如趁著放假，到鄰近的法國玩一趟，體驗體驗法國人過聖誕節的感受，覺得那一定會又新奇又浪漫。於是，在倉促策劃之下，我們便開車跑到法國中部的Loire Valley，沿著盧瓦河谷，一路瀟灑地漫遊下來。

　　不消說，鋪著一層閃亮的白雪的法國鄉村景致確是美極了，山巒之中若隱若現的古老城堡確是壯麗極了，宮殿庭院和美術畫廊確是安靜極了，安靜得令人毛骨悚然，走來走去也見不到一個人影鬼影，就好像只為我們一家人開放的，而酒店裡吃飯的餐廳也冷冷清清淒涼極了。

　　憑良心講，對聖誕前夜在Hotel de Ville of Tours度過的晚上真是沒有什麼可抱怨的。儘管寬大的餐廳裡只有我們一家四口和另外一對年老的夫婦用餐，酒店總管仍舊將所有的水晶吊燈和銀質蠟燭都全部點亮，巨大的聖誕樹上吊滿了各式各樣精緻的小玩意兒，桃子香檳酒冰得恰到好處，七道菜的聖誕大餐美味得無可挑剔，摩卡咖啡裊裊飄出濃濃的香味繞樑七日而不絕，一切都完美無缺無可指責，可就是讓人快樂不起來。

　　氣氛，對，就是氣氛。

　　完全沒有那種熱情喧鬧歡天喜地的節日氣氛。

　　餐廳裡靜得只聽得見刀叉的輕微碰撞聲，偶爾的一兩句低語，和上菜斟酒撤換盤子時侍者和客人之間例行公事的「對不起」和「謝

謝」。

　　我們的孩子們草草吃完最後一道乾酪和甜點特選，便用眼神不耐煩地催促我們。

　　從此以後，我們講好，不到萬不得已的情況，我們決不在聖誕節的時候「離家出走」了，哪怕只是個暫時棲身的家，也好歹是自己的窩。一家人團團圍坐在一起，有吃有喝有說有笑，想打嗝就打嗝，想放屁就放屁，得意忘形時還可以手舞足蹈，說一些不登大雅之堂的笑話，無拘無束輕鬆自在。

　　至於聖誕節之前嘛，我還是主張take it easy。若有機會出去遊玩，沒有理由錯過。所以，孩子們的學校一放寒假，我們便立即搭乘上飛機來到埃及，算好等我們回去時，離聖誕節還有兩三天，到時候再去採購，應該來得及。而眼下的埃及，正值氣候宜人，遊客稀少，如果因為擔心聖誕節的餐桌而放棄這大好時機，豈不愚蠢。

　　從地圖上看，盧卡索神廟離我們的住處最近，卡納克神廟稍遠一點，我們決定，先步行去盧卡索神廟，沿路順便觀看風景，然後再坐車去卡納克。

　　出了酒店，往左一拐，便上了尼羅河畔的步行大道，我們迎著清涼的晨風，不慌不忙地走著，時間尚早，神廟也許還沒有開門，而街對面的旅遊紀念品店鋪，有幾個好像正在陸續開張。

　　我們決定穿過馬路過去看看。

　　突然，一位身穿阿拉伯長袍的埃及青年從我們的身後匆匆趕上來，「哈囉。」他大聲招呼我們。

　　我們還以為掉了什麼東西，趕緊停下腳步，側過身，也向他問了

聲好。

「你們要不要到河對岸的帝王谷去？」他殷切地問我們。

「要去，不過是明天。」我先生答道，有點猜出了他的來意。

「太好了，我可以帶你們去，我的船就停在岸邊，到了對岸，我哥哥的計程車可以把你們直接帶到帝王谷，他然後在那兒等你們參觀，最後把你們開車送回岸邊，我的船再把你們載回來，一整天，只要一百五十埃鎊，最公道的價錢。」他連珠炮似的完成了開場白。

我先生有點不知所措，但很快客氣地對他說，「謝謝你，不過我們今天才到盧卡索，我們現在去神廟，去帝王谷的事明天再考慮。」

「當然，當然，可你們明天一定要坐我的船，我出的價錢是最好的，我的名字叫阿里，阿里，你們能記住嗎？我一大早會在酒店門口等你們。」阿里懂得趁熱打鐵。

我們開始開始挪動腳步，同時告訴他，「No，no，不要在酒店門口等我們，我們也許改變計劃，我們現在還不能確定明天的事，對不起。」

阿里見狀，越發不能罷休，「為什麼？為什麼我們不能把明天的事定下來，你們反正要去帝王谷，就坐我的船吧，一點兒也不貴，非常安全。」

非常安全？一點兒也不貴？誰知道呢。我們才下火車不過一個小時，完全不知道當地的情況，怎麼可能貿然答應一個素昧平生的陌生人，讓他把我們全家裝上一隻船，再由一輛車子把我們拉進深山？

我先生向來就是一個謹慎的人，讓他在不確定的情況下，點頭做出決定，是根本不可能的，我太了解他了。

我先生已經有點不耐煩，卻還保持著臉上的笑容，對阿里說：「眞是很對不起，我們現在要去神廟，明天的事明天再說。」

「爲什麼？爲什麼？」阿里依舊窮追不捨。

正在這時，迎面的路上，又跑過來三四個穿長袍的埃及青年，老遠就衝著我們招呼起來，「先生，要坐船嗎？要去帝王谷嗎？」

然後，七嘴八舌地紛紛向我們報價，並用手指向他們各自停泊在岸邊的小船，同時還激烈地用阿拉伯語互相爭執，大概是抱怨他人在與自己搶生意。

我被這突如其來的架勢驚住了，下意識地四下環顧，發現原來在這條街上，除了我們一家明顯的遊客打扮，其他的外國人大概還在酒店睡大覺沒有出來，難怪我們成爲街上的眾矢之的。

我先生帶著我們一面加快腳步，一面忙不迭地告訴追隨身後的埃及人，「No，no，我們不去帝王谷了，我們不去帝王谷了。」

可這群人就像沒聽到一樣，仍舊不肯罷休地緊緊跟著我們，喋喋不休地勸說、爭吵。

一位年輕一點的小伙子甚至拉著我兒子的胳膊，指著他腳上的球鞋說：「你這雙鞋子眞漂亮！」

我兒子有點窘迫，低聲對他說：「謝謝。」

他接著又加上一句：「送給我好嗎？」

我兒子愣了一下，不好意思地嘟囔著：「不行，不行。」

「爲什麼？」那青年不依不饒。

我們都爲他的發問弄得哭笑不得。

就在這時，一輛計程車救星似地駛到我們面前，司機殷勤地探出

頭來，「taxi。」

　　我先生立即帶領我們奔了過去，「盧卡索神廟！」

　　司機連忙點頭，我們一家就像衝出重圍的逃犯一樣，以最快的速度紛紛鑽進車裡，眨眼之間將那一小群跟隨的埃及人甩在了路旁。

　　盧卡索神廟建於古埃及新王朝時期，是當時的人們爲最崇拜的太陽神Amun 的妻子穆特修建的神廟。

　　神廟，顧名思義，就是供奉神的地方，是神的棲身之地。在古埃及，它們是一群有如宮殿般氣勢恢宏的建築，而絕非我們中國人概念裡的「廟」的規模，也遠遠比當時法老們自己住的房子壯觀得多。

　　與所有原始時代的民族一樣，古埃及人在早期許多無法解釋的自然現象面前，常常會不知所措，恐懼之餘，進而求助天地萬物爲膜拜的偶像，因此便使自然界諸多生靈具有了神性的意義。

　　譬如，**鷺鷥神（Thoth）**，就是一位巧妙地結合了男性身形和鷺鷥頭顱的智慧之神。它那細細的長喙很像是一支筆管，因此被人們視爲學問與藝術的象徵，在許多古墓的壁畫上，它常常一手握著筆桿，一手握著畫盤，閃閃發亮的雙眼若有所思，一副聰明絕頂的模樣。據說此神曾寫了四十二本書，囊括了世間所有的知識，以致大批文人雅士，爲了祈求鷺鷥神保佑自己永遠才華橫溢，經常頻繁拜謁它的神廟，恭恭敬敬燒上一柱香，或者，買一尊曜石雕像，回家供

奉在案頭。

　　鱷魚神（**Sobek**），是尼羅河的水神，也是埃及北部最有威懾力的偶像。它長著一副陰沉沉的鱷魚臉龐，配著壯年男人肌肉發達的四肢，常常趁人們在尼羅河邊洗濯時，出其不意地將他們拖入水內。因此人人對它畏懼萬分，不僅專門修建了舒適的池塘供養它，而且每日奉獻大量的啤酒和鮮肉，同時還在牠們的頸上腿上裝飾著度身打造的金銀首飾。鱷魚神死了以後，往往要在當地隆重下葬，屍體被小心地製成木乃伊，埋入神棺，放在鱷魚神廟裡繼續陰魂不散。

　　貓神（**Bastet**），是太陽神的女兒，也是埃及人最寵愛的神，牠主司五穀豐收，與人們的溫飽生活息息相關。儘管它終日辛勞幫助人類捕捉老鼠，不過牠最喜歡做的事，還是在有空閒的時候，將耳朵和鼻子用各式各樣漂亮的金屬裝扮起來。它的這種嗜好，顯然被後世的一些年青人發揮到了登峰造極的地步，這些追隨時尚的勇士們不僅從貓神那裡獲得往耳朵上鼻子上鑽孔打眼的靈感，甚至還花樣翻新地將沉甸甸的各類飾件義無反顧地穿掛在肚臍、乳頭，和陰莖上。這一系列慘不忍睹的發明創造，相信就連有九條命的貓神，在街上見到這些人，也會驚駭得喘不過氣來。

　　老鷹神（**Re**），牠的形象最具有男性氣概，人身鷹首，在古代埃及動物崇拜中占有特殊的地位。由於牠能在天空翱翔，比所有的人都接近太陽，因而常常被

尊為是太陽的化身，是王權的守護神。

河馬神（**Taweret**），是保佑女人順利分娩的女神，因此牠必須是一隻母河馬，具有女性豐腴飽滿的身體，只是不知為什麼拖著一條奇怪的鱷魚尾巴，大概是為了顯示出剛柔相濟的多重性格。

胡狼神（**Anubis**），狼面人形，威嚴凶狠，是法老墓地的守衛神，牠晝夜寸步不離地坐臥在墓穴的棺木旁邊，審視著每一個企圖接近法老遺體的不逮之徒。胡狼神也同時掌管陰間的重要事宜，所有死者必須在牠的面前將自己的心臟放在秤砣上檢驗，以裁定是否進入天堂還是地獄。據說由於法老們大量建築目的，胡狼們的工作不負勝荷，不得不讓外貌相似的豺狗們分擔重任，於是豺狗也被接受為Anubis的化身。

死神（**Osiris**），最具有悲劇色彩。他原本是天神和地神的的孩子，因為在四個兄弟姐妹中排行老大，順理成章地具有了首選繼承權。他還在母親子宮裡時，就愛上了擠在身邊的妹妹，並且在長大成人後如願以償地與她結了婚。他的一連串好運遭到兄弟之間的妒恨，在一次聚會時，被人誘入事先準備好的棺材之中，投入尼羅河。人世間從此有了死亡這一可悲可喜的現象。Osiris淹死後，成為死神，他的妻子將他打撈上來，卻不幸再次被人謀害，碎屍萬段，重新扔進尼羅河。這一次，費了妻子的一番周折，好容易才將Osiris 的屍體收集完，卻唯獨少了Osiris的陰莖，原來是讓一條餓昏了頭的魚吞食了。Osiris 的妻子幸虧懂得魔

法，幾經努力，終於使Osiris幸運地重新長出一根陰莖，兩人頻繁做愛終於生出一個孩子，成年後身為勇士最終戰勝了邪魔，為古老傳說中一貫經典的懲惡揚善的故事劃上完美的句號。而埃及壁畫中Osiris的形象，卻依然目光沉郁憂傷，雖然身為陰間的主宰，他卻總好像游離在陰陽之界，終日身著白色長袍，手持拂塵和勾子，大概無法停止對妻子的想念。

生命女神（**Isis**），正是死神Osiris的妻子。與自己蒼白的丈夫相比，她顯然充滿了不屈不撓的活力。她不僅體態苗條，面容姣好，而且還擁有一對令人過目難忘的小巧美麗的乳房。她手持「生命之鑰」，精通回天醫術，在修覆自己丈夫的屍體時，能夠化腐朽為神奇，因而被古埃及人尊為孕育和繁殖女神。

侏儒神（**Bes**），是眾神中唯一來自民間的神，因而也最受人們喜愛。不過他的相貌實在無法恭維，除了身材五短、頭顱巨大，一對觸目驚心的招風耳與塌鼻厚唇遙相呼應以外，還有一對天生粗壯的蘿蔔腿和外加一條濃密的不知來自何種動物的尾巴。更有甚者，因為他是侏儒，五短必有一長，所以他的生殖器便顯得格外巨大，幾乎是從跨下觸及到地面。也許正是這一生命力強盛的特徵，使他榮幸地得以輔助河馬女神保佑孕婦們順利分娩，成為千家萬戶最受歡迎的神靈。他的木刻常常被寵愛地擺放在尋常百姓的灶間和炕頭上，人們相信他那醜陋無比的相貌，很容易嚇退所有邪惡的生靈，避免意外的災害。

　　所有的諸神們都有自己的神廟，祂們的雕像被畢恭畢敬地供奉在廟內最隱蔽的位置，有專門的神廟主事每日兩次為他們清潔身體、換穿衣服、服侍用膳，以及進行一系列的例行禮儀。

　　這些儀式，尋常人一般是看不到的，只有在每年的特殊日子，人們才被容許聚集在神廟內，匍匐在被抬出來的神靈面前，聽他們「宣講」聖事。

　　盧卡索神廟，便是眾多神廟之中最著名的一個。

　　我們從計程車裡出來時，神廟似乎剛剛開門，晨曦中，巨大的建築顯得相當壯美，淡淡的薄霧正在漸趨明亮的陽光照射下，猶猶豫豫地悄悄隱退，周圍一片空曠寂寥。

　　一百多年以前，這座神廟還不是今天這個樣子。

　　從西邊撒哈拉大漠吹卷過來的沙礫，千百年來，日積月累，幾乎掩蓋了整座神廟。直到1881年地質學家Gaston Maspero路過這裡，偶然發現了它，先是小心翼翼地拂去一部分沙土，看到被沙子覆遮的建築竟然仍舊完好，繼而開始有計劃地進行大規模的清理工作，人們今天才幸運地看到這座古老神廟的本來面目。

　　據考證，盧卡索神廟最早是由埃及著名的女法老哈塞普蘇（Hatshepsut）建造的。十八王朝以後，法老阿蒙荷太普三世（Amenhotep III）在原有神廟基礎上，又大興土木，擴建出一個新的祭祀殿和一個新的列柱式走廊的庭院，以及十四座氣勢非凡的石柱，鑴刻著神秘迷人的古埃及文字圖案。

　　神廟擴建後，立即舉行了慶典，歷時整整十一天。附近的居民三公里內外聚集得人山人海，身穿禮服的主祭司將盛裝的神像隆重地從廟裡抬出來，放入彩船，浩浩蕩蕩地在門樓外面舉行拜謁。站在神像旁邊的法老適時地大聲宣布自己在神明保佑下，重新獲得了智慧和力量，而他在過去一年內的所有過失，也自然而然地隨著眾人震耳欲聾的歡呼而被遺忘。

　　古埃及人確信，他們需要這種儀式，需要這種信仰，幫助他們的法老發揚德政，度過災難。

　　到了十九王朝時，新法老拉美西斯二世（Ramses II）又將盧卡索神廟進一步擴建，加入他自己的一個大型庭院，一道矩形門樓，兩柱花崗岩方尖碑，和六尊巨型雕像。

　　這個時期的慶典活動，已由十一天延續到二十七天，規模更宏大，儀式更繁縟，耗資更驚人。據載，供奉神明的食物中，包括一萬一千三百條麵包、八十五塊巨型蛋糕、三百八十五罐牛肉……。這些食物在儀式結束以後，全都會發放給民眾享用，這項善舉無疑大大增強了慶典的感染力和號召力，以至於烈陽下抬著沉重的神像在滾燙的沙地上艱難的行走，也變得可以忍受了。

　　拉美西斯二世時期，不僅國富民強，而且政治開明，容許民眾們向神像詢問自己的凡俗瑣事。比如說，瞎子的哥哥會問：「大智大慧的神啊，你能不能告訴我，我那遠隔六千里外的弟弟，他去年瞎了一隻眼，在遵照您的吩咐，用蜂蜜混合豬眼填進他的耳朵裡之後，他現在是不是已經重見光明了？」

　　神像通常都會簡短而聰明地給予答覆，身體向前傾時，答案是

「是。」身體向後傾時，答案是「否。」此外不再進一步解釋，具體細節統統留給發問者自己去揣摩。

　　有時，神像也會一言不發，沉默是金。這便表示，此事還沒有最終的答案，需要繼續耐心等待。要知道，神永遠是寬大為懷的，事情沒有修成正果，並不是神沒有顯明，而是本人的造化不夠，還需多多自省。

盧卡索神廟14根柱廊前的拉美西斯二世坐像。

夜晚柱廊前的拉美西斯二世坐像。

（右頁下）塔門前的拉美西斯二世雕像。

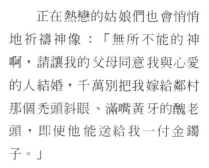

　　正在熱戀的姑娘們也會悄悄地祈禱神像：「無所不能的神啊，請讓我的父母同意我與心愛的人結婚，千萬別把我嫁給鄰村那個禿頭斜眼、滿嘴黃牙的醜老頭，即使他能送給我一付金鐲子。」

　　懷孕的女人祈求神像保佑她們順利分娩，田裡的農婦央告神像賜給他們風調雨順，年老的人

們期望神像傳授他們如何才能益壽延年……。

　　那以後的幾個朝代，不同時期的法老陸續都在神廟留下了自己的建築。

　　甚至在十三世紀時，阿拉伯人竟然心血來潮地在原有的庭院內，蓋了一座Abu al-Haggag 清眞寺，爲盧卡索神廟添上一道奇怪的景觀。

　　西元四世紀後，羅馬人入侵埃及，又將盧卡索神廟的前廳改爲臨時教堂，把基督教的繪畫鋪蓋在法老們的浮雕之上，亞歷山大大帝接下來宣稱自己是眾神之首阿蒙的兒子，在廟內裝飾了他本人戰績的大量壁畫。

　　從此以後，盧卡索神廟漸漸衰敗。

　　西部吹來的風沙也乘勢囂張，猛烈持續地日夜侵蝕著神廟的外貌。

　　當然，對我們來說，法老們的神殿也好，阿拉伯的清眞寺也好，亞歷山大的壁畫也好，都是歷史遺跡，都有各自不同的精彩，都經歷了不同程度的變化，也都值得我們站在它們的面前不知所措地嘆息：

　　拉美西斯的雕像，如今只剩下兩個；著名的一對pink granite方尖石碑，現在也只餘下一個形單影隻地孤立在塔門附近，另外一只在穆罕默德‧阿里執政時，被他慷慨地送給了法國人，孤立在巴黎的協和廣場上，不知道法國人未來會不會動了惻隱之心，將它歸還給埃及；

　　立於神道的兩排人面獅身石像，在風雨的侵蝕下，也無可奈何地顯現出蒼老，不過仍舊固執地駐守在門樓面前，靜觀世紀更迭的變化……

而我們，倍感渺小地環顧周圍巨大的廢墟時，心裡感慨的，是數千年的光陰在眼前悄然驟然地逝過。

走出盧卡索神廟，已經接近中午，我們躊躇著，不知是該提早找個地方吃午飯，還是繼續參觀下一個神廟，晚一點再照顧自己的肚子。

正在這時，一輛馬車由遠駛近，趕車的老人衝我們大聲吆喝，：「去卡納克神廟嗎？十塊錢。」

坐馬車？太好玩了！特別是看到拉車的那兩匹壯馬，渾身皮毛閃亮，健美的肌肉不耐煩地在圓鼓鼓的身軀裡顫動時，便不由自主地想要親近它們，再加上馬車後座那高高的黑色帆布被鋪張地裝飾著漂亮的銀飾和五彩的穗子，富麗堂皇得讓人難以抗拒，我們大人小孩一陣歡欣雀躍，不等互相通報一聲，便紛紛爬上了馬車。

趕車的老頭是個不甘寂寞的人，而且我們很可能是他一大清早轉來轉去碰上的第一單生意，很是興奮，還沒等我們坐穩，便自報家門告訴我們他的姓名和年齡，然後毫不掩飾對我這個扁平面孔的女人的好奇，單刀直入地問我：「你是從哪來的？」

我有點始料不及，一時不知道怎麼回答他。我經常會被人家這樣沒頭沒腦地發問，而且多半是陌生人或是只有一面之緣、並不熟悉的人，他們感興趣的，有時常常是一些稀奇古怪令人難堪的事情，以及沒有緣由沒有分寸的追問。

這種時侯，我通常很想惡作劇地反問一下，「請問你和你先生每

星期做愛幾次，是他在你的上面，還是你在他的上面？」

　　當然，我從來沒有真正這樣試過，因而也就無從得知發問者在被提及個人私事時，是不是也會比較尷尬。

　　我正琢磨著該怎麼回答趕車的老頭時，誰料他倒是個急性子，已經自問自答，「是日本人，好，好，我們和日本人是朋友。」

　　我趕緊糾正他，「我不是日本人。」

　　他反應的比我想的快得多，「那你是台灣人，我們和台灣人也是好朋友。」

　　我忍不住想笑，「我不是台灣人，不對，我是……。」

　　「韓國人？我們和韓國人也是好朋友。」

　　「不是！我是中國大陸人。」

　　「你是中國大陸人？噢，太好了，我們和中國人是最好最好的朋友。」

　　「我知道，你們的朋友遍天下！」我終於仍不住笑了起來。

　　他完全沒有不好意思，又把興趣轉到我先生的身上，我於是高興地吐出一口氣。

　　坐在馬車裡高高在上的感覺真好，特別是對像我這樣個子矮小平常難得看到別人頭頂的人來說，現在不但能俯視別人的頭頂，而且還可以輕而易舉地眺望到別人的屋頂，甚至遠處靜止如畫的尼羅河和起伏連綿的沙漠，也能清楚地盡收眼底。

　　我洋洋得意，正準備摹仿大詩人杜甫，醞釀出一首「輕舟已過……」的歪詩來，忽聽趕車的老漢大聲吆喝，「卡納克神廟到了！」

　　這麼快！怎麼盧卡索這麼小，記得在地圖上看到卡納克神廟幾乎

是在城市的邊上，我們趕快跳下了車。

「賣票處就在右邊。」馬車夫熱心地指點我們，「我在外面等你們，你們參觀完後，再坐我的馬車回去。」

「當然。噢，no，no，那可不行，」我先生忙不迭地說：「我們進去後要待很長時間呢，你還是拉其他客人吧。」

在西方人時間就是金錢的觀念裡，浪費兩三個小時等一個生意，實在是不可思議的。

「沒關係，」馬車夫堅持著，「我就在那邊樹蔭下等你們出來。」說罷，往左邊馬路上一指。

我們這才注意到，沿著左邊馬路不遠的地方，樹蔭下長長一溜兒停著許多馬車，除此之外，三五成群的計程車也閒散地等候在路旁，於是明白了，此時是淡季，生意冷清，兩三個小時內，馬車夫不見得會有顧客。

我們便答應了他，如果我們出來時，他仍等在那裡沒有生意，我們一定坐他的車回去。

一進卡納克神廟的大門，立即讓我們愣住了。

熙熙攘攘各種膚色的遊客，好像突然從地底下冒出來的似的，成群結隊，將門樓前的寬闊空地堵得水洩不通。

真奇怪！從我們昨晚乘上火車，到今早入住酒店，一路橫穿城市，並沒有見到這樣大群大群的觀光客呀，他們是打哪兒來的呢？

我先生猜測，這些人說不定是從附近的城市，像Aswan、

城市中的鄉村

Dendara、HUrghada，一大早乘旅遊巴士趕到這裡來的。

　　我一聽，便頓時有點掃興。我最怕與這些大隊人馬的遊客打遭遇戰。特別是當他們被長途車殘酷地顛簸了數小時之後，基本上或多或少喪失掉不少正常的感覺，比如說在人群中旁若無人地大聲喧嘩，看展品時不遵循先來後到，長時間地占據最佳位置不肯挪步……等等。

　　我之所以願意選擇不是旺季的旅遊季節去旅遊，選擇別人不願意出門的時候出門，就是為了避開人群，得到一份安靜。真是天有不測風雲，我以為盧卡索這個季節是安靜的，沒想到還是不可避免地趕上了從別處來的觀光客，但願他們只是在此地短暫停留。

　　我們想方設法地穿過人群，準備先進入裡面參觀，躲過旅遊團的人潮，最後再回到入口處看門樓前的歷史概述。

　　就在這時，忽然一個穿長袍的埃及人快速地閃現在我們面前，神秘地低聲對我們說：「跟我來，跟我來。」

　　我頓時好奇心起，順著這個人的手勢跟了過去，我的先生和孩子們也糊裡糊塗地跟著我們，一面追問：「怎麼回事？」

　　「不知道，」但我預感，這個人似乎想帶我們去看什麼東西，大概是很特別的東西，這個想法激起了我的興趣，使我不由得興奮起來。

　　果然，他帶我們穿過門樓的側面建築，一路上不停地東張西望，

卡納克神廟柱林一隅

好像在察看有沒有人在注意我們，然後進入一條窄巷，停在一處由草繩攔住的門檻前。

　　他用手指壓在嘴上，「噓」了一聲，然後一彎腰，鑽過繩子，回頭向我們揮手，示意我們也照此跟過去，我先生一把拉住我，「別過去。」

　　「為什麼？我要過去看看。」我那與生俱來的固執不可救藥地冒了出來。

　　我先生皺了一下眉頭，沒有再說什麼，緊緊地跟在我的後面，一同「潛伏」過去。

　　那人在一排石雕面前蹲了下來，指著正前方，悄聲說：「Look。」

　　我睜大了眼睛，順著他指的方向仔細看過去，沒有發現什麼，突然，我明白了，那是一個拍照的絕好角度！近前是一排罕見的人面羊身塑像，遠處是巍峨的矩形門樓和法老們的浮雕，五彩繽紛的遊客們恰到好處地點綴在中間地帶，正是攝影機刻意追求的景象。

　　我連忙卡嚓卡嚓地按下快門，然後迅速沿著原路，快步走了出去。

　　我先生默契地付了那人一些小費，並用責怪的目光看了我一眼，「那地方是遊人止步的。」

　　我當然知道那地方是遊人止步的，可「好奇心做崇，明知故犯，甘願冒天下之不韙，一向

是我的作風」。這是我先生對我的評價。

　　我可做不到像我先生那樣自覺，半夜三更十二點開車到十字路口，遇到紅燈一定會老老實實停下來，哪怕四周空曠，根本沒有一個車影人影。

　　我是個無可救藥的無政府主義者，這多少要歸咎於我所成長的那個年代，十年文化浩劫，留下來的烙印深刻而且長久。

　　「對不起。」我誠心誠意地嘟噥了一聲，心裡卻仍然惦記著剛才拍到的那幾張照片，真是朽木不可雕也。

　　卡納克神廟比盧卡索神廟大許多倍，它恐怕是古埃及法老時代遺留下來的最大、最完整的神廟。

　　平面來看，卡納克神廟很像北京的紫禁城，它占地一百英畝，四周有高牆圍繞，巨大的矩形內樓和庭院環環相套，如同故宮的太和殿、中和殿、保和殿。在前後一千三百多年的時間跨度下，歷經了數代法老們的修築擴建，逐漸形成為古老埃及帝國最壯觀的神殿。

　　最早，它是用來供奉太陽神的。

　　太陽神阿蒙（Amun），是諸神之王，也是法老們的保護神。他有一個最耐人尋味的特徵，unknowability，譯成中文，可以理解為「不可知的」。

　　Amun在埃及語中，又表示Hidden，意味著「隱者」，也就是說，這位諸神之中最偉大的神，並不存在於自然界，而是隱蔽於冥冥之中。無人知曉他的形狀、面貌、體態；無人知曉他的過去、現在、未來；可他又無所不在，洞悉一切；他是蒼穹的父親，大地的主宰，人類解放的大救星。

這倒符合一個有趣的邏輯，愈不可知，愈加神秘，也便愈令人敬畏。

於是這位太陽神阿蒙，便理所當然地成爲古埃及人至高無上的崇拜神。

卡納克神廟便是三千多年前的十七十八王朝法老們，爲供奉阿蒙而修築的。由於每一位法老都很想巴結這位傳說中威力無邊的神，便自然在自己當政的時期，不遺餘力地加建自己的庭院和巨雕，以至於這座神廟越建越大，遂爲一片威武雄壯的殿堂群。

據說，眞有那麼一些好事之徒，「目測」過它的面積，說它足足超過半個曼哈頓城區。

因此可想而知，一開始進去就迷失了方向的我們，左轉右轉四處碰「壁」，完全分不清東南西北，實在不足爲奇了。

凡是看過《尼羅河謀殺案》的人，一定會記得那三位墜入三角戀愛情網的男女主人公走進巨柱林立的神殿的情景，那些電影場面就是在卡納克拍的。擎天柱高聳入雲，粗石塊碩壯敦實，冷風颼颼，明暗強烈對比的光線在寂寥的空間營造出魅影陰森的氣氛，此時此刻，若是當頭眞的落下一塊從天而降的巨石，站在地面上的人，不被砸成肉餅也難。

視線所及，幾乎所有地方都可以構成動人心魄的畫面，特別是那些立柱和牆壁上的浮雕彩繪，更是精美而又奇特。古埃及人當初一定是相當的浪漫隨意，他們手下的人物、動物、植物，全然不受透視局限，也不遵循什麼構圖法，而是依據需要，可大可小，可遠可近，可眞實可虛擬，可「移位」可「截肢」。

　　比如說，他們在塑造神和法老時，爲了表現內心的崇拜與敬畏，他們便讓這些形象霸道地占據整個畫面，而將法老的妻子，兒女，寵物等陪襯之物，不由分說地縮小尺寸點綴在空白的地方。要是這塊空白的地方碰巧只有巴掌那麼大，而且不幸正位於法老的跨下，即使是法老的母親，也得委曲求全地夾在那兒，遠遠看去，就好像是法老生殖器往外伸展的一部分。

　　可埃及的藝術家們卻十分欣賞這種手法，三教九流橫面排列，整個畫面飽滿充沛，具有強烈的裝飾藝術的效果。

　　又比如說，描繪一個側面行進的人，他們會將臉表現爲側面，而眼睛和眉毛卻是正面，身體表現爲側面，而肩膀和胸部卻是正面。在這種虛擬方式的處理下，古埃及人通過「移位」和「截肢」，將人體各個部位最完美的角度勾勒出來。

　　想一想也是，鼻子和嘴巴，側面最能顯出輪廓和線條，眼睛和眉毛，正面最易表達神情和意態，四肢和臀部側面最可展示矯健和動感，肩膀和前胸正面最好刻劃魁梧和強壯。這樣的組合拼湊，不能不承認是一種挺獨特的藝術形式。

　　我琢磨著，現代某些藝術家們有可能會認爲古埃及人的美學意識有點怪異，也有可能從古埃及人的「側面正面混合法」的散視運用中汲取靈感，創造出同樣怪異的藝術。畢卡索最初的Inspiration 是怎麼冒出來的？誰又能說得清楚？

　　我一邊拍照，一邊欣賞，不知不覺之間，來到一片較大的露天空地，那兒正有一群人饒有興致地圍觀著什麼。我們走上前，往人堆裡細看，發現裡面是一只形狀像甲蟲的石雕，幾個年青的女孩子正繞著

它轉圈，旁邊的男孩子們還一個勁兒樂不可支地追問，「喂，怎麼樣？找到感覺了沒有？」

「嗯，快了，我走到第幾圈了？有十圈了沒有？」其中的一個女孩一面氣喘吁吁，一面問。

這是在幹什麼？

「這大概是Scarab，聖甲蟲，埃及人的古代崇拜物。據說它有一種魔力，能使美夢成眞。好像是繞著它走一圈，就有好運到來，繞著它走兩圈，就會財源滾滾，繞著它走十圈，就能嫁給自己心愛的人。」我先生向我擠擠眼睛。

「啊哈，眞有這等好事？」我覺得挺好玩，「你是怎麼知道的？」

「我昨天晚上臨睡前在旅遊書上看到的，現買現賣。」我先生一臉的得意。「Kyran，要不要饒它走十圈？」

我兒子不窘不迫，挺聰明的沒有接下我先生的話茬，轉向我說：「媽媽，你知道這種蟲子麼？」

我不知道，也很願意給他一個表現的機會，便說：「不知道，講

卡納克神廟的精華就是多柱廳，位於中央的12根雙排立柱高達21公尺，上有高側窗。

給我們聽聽。」

　　他大概也是昨天晚上剛剛看了旅遊書，記憶猶新，因此從容不迫地告訴我們，「聖甲蟲可不是一般的蟲子，它有一個挺好聽的埃及名字，叫做Kbepri，專門和大象生活在一起，整天忙忙碌碌地四處收集大象的糞便，所以又叫象糞蟲，這名字很臭，對不對？」

　　「對。」我承認，「既然這樣，為什麼埃及人還喜歡它們？」

　　「因為它們可以把這些大象的糞搓成小圓球啊。」我兒子很享受有聽眾的樂趣，繼續侃侃而談。聖甲蟲把大象金黃色的大便搓成小圓球以後，再長途跋涉將它們推進自己的巢穴，然後在糞球裡注入自己的蟲卵，等後代們孵化出來時，就把糞球當糧食吃，使小甲蟲們順利長大。

　　那麼埃及人呢，當然，他們很有想像力，他們將金黃色的圓圓的

糞球象徵爲太陽，將甲蟲們滾動糞球在巢穴附近推進推出，象徵爲太陽的日出日落，因爲他們對太陽無比崇拜，所以愛屋及烏，對甲蟲也隨之崇拜起來。

這眞是太有趣了，我是不是該聽取旁邊紀念品商亭的廣告建議，買一個銀製的小甲蟲胸墜帶回去呢？

「當然嘍，」我的小女兒在買東西時總是會熱烈響應的，「也幫我買一個。哦，還有我最好的朋友由美，我相信她也會想要一個。」

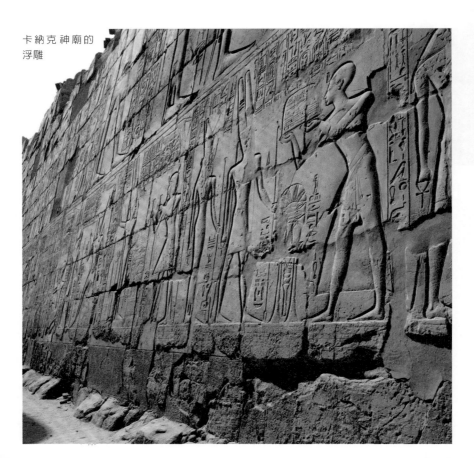
卡納克神廟的浮雕

　　卡納克神廟的最後一處風景，是一個號稱「鏡湖」的古代游泳池，據說是Amebotep法老三世最寵愛的妃子有一天忽然異想天開，向法老撒嬌要一個游泳池，於是法老當即下達命令，讓人連夜挖掘，一夜之間造出一座人工湖泊，注入尼羅河水，碧藍如鏡，久而久之被稱為「鏡湖」。

　　後世的人們將它視為愛情的象徵，爭相在它旁邊拍照，但在我看來，它不過是個普普通通的水池，遠沒有我們下榻的酒店的游泳池漂亮，轉念一想，即是聖湖，身價還是不同，便又招呼全家在湖邊留了合影，方便日後有根有據地向別人吹牛，說曾經到過埃及的「華清池」，親身體會過「春寒水滑洗凝脂」的感受。

　　出了卡納克神廟，始覺飢腸轆轆，一看錶，已是下午兩點多鐘，我們還沒有吃午飯，於是想快一點回到市中心。

　　路邊駛過來一輛計程車，司機說載我們去市區，只要五埃鎊，還沒等我們做出反應，我們先前的馬車伕從遠處氣急敗壞地跑過來，大喊：「等一等，先生，我在這裡，我一直在等你們。」

　　真沒想到，三個多小時過去了，他還真守候在門外。

　　我們趕緊向計程車司機道了歉，跟著上氣不接下氣的馬車伕，來到他的馬車跟前。

　　回往城裡的路上，馬車夫顯然很高興，滔滔不絕地指著路上的遺跡告訴我們，盧卡索在第十一王朝和第二十一王朝時曾經非常地輝煌過，後來在亞述軍隊入侵時，遭到他們的火燒洗劫，隨即又有一場大地震，先後毀壞了許多建築，盧卡索神廟和卡納克神廟是劫後倖存的

奇蹟，是神在上天保佑了它們。

　　我們不斷地點頭表示贊同，不知不覺之間，便到了市中心。

　　我的小女兒喜歡麥當勞，不管我們怎樣告訴她速食的種種壞處，她仍舊執迷不悟。

　　這恐怕也是一種叛逆。

　　她的眼睛很尖，一下子在眾多店鋪的街道上，看到了那個在全世界幾乎各個角落都能看到的大大的「M」。

　　「麥當勞！我們能不能去那裡吃午餐？Please！」我的小女兒做出一副乖巧哀告的模樣，這是她有求於人時的拿手好戲。

　　我剛要一口回絕，我先生卻開了口，「好吧，麥當勞的衛生標準恐怕還是可以信得過的。」

　　我想一想也是，便做出了讓步，不過馬上加了一句：「只準點雞塊和蔬菜沙拉，健怡可口可樂。」

　　我知道我的孩子們不喜歡和我上街，按他們的話說，「too mean。」

　　我可不在乎，他們日後會感謝我的。想到我迄今成功地將兩個孩子的體重和吃東西的習慣保持在健康的水平上，不就是由於每時每刻生活細節上的小心謹慎嘛。

　　馬車夫按我們的要求停在了麥當勞門口，我先生付了他十埃鎊，與我們去卡納克神廟時的價錢一樣。可是馬車夫卻不同意，他說：「二十鎊。」

　　我先生問他為什麼。

　　「因為兩匹馬中午要吃草啊，就像人們要吃午飯一樣。」馬車夫

不慌不忙地說，「我等你們的時侯，每一匹馬各餵了一袋草料。」

我聽了以後，不覺得好笑，怪不得他堅持要載我們回市區，原來是盤算著讓我們爲他的馬兒付草料，早知如此，剛才不如坐五鎊錢的計程車了，有時候好心常常得不到好報，這在生活中不幸俯拾皆是。

我們走進麥當勞，這大概是全城唯一的麥當勞，裡面靜悄悄的空無一人，四周倒還整潔乾淨。

我先生咳嗽了一聲，從裡面走出兩個年輕人，看來還在營業。

我們點了炸雞塊、蔬菜沙拉、和可口可樂，因爲客人稀少，食物都是現吃現做，很新鮮，而且還有一種難以捉摸的阿拉伯口味，完全不像快餐，我們吃得狼吞虎嚥，相信是我吃過最美味的麥當勞。

我們滿意地吃完了午餐，想到下午還有不少時間，決定沿街逛逛，說不定會順便買到有趣的埃及紀念品。

推開店門，迎面正停著一輛馬車，我兒子告訴我，在我們進入麥當勞時，那輛馬車就停在對面，看起來是專門埋伏在那裡的。

我一聽便心有餘悸，告訴我先生，不坐馬車，散步最好。

當然，我先生同意，我們本來就是準備逛街的，何況又剛剛吃了東西，需要消化。

我們選擇了與馬車頭相反的方向，沿街走去。

不料，那馬車很快跟了上來，趕車的是個中年人，收慢馬步與我們並行時，他大聲地問：「坐馬車嗎？」

「不坐，謝謝。」我先生的口氣聽上去毫無商量的餘地。

「不去露天市場看看嗎？今天是趕集的日子，一個星期就一次。」他小心地勸說著，一雙眼睛狡詰而又銳利，準確地窺測到了我內在的薄弱之處。

露天市場？他的話果然起了作用，我立刻追問了一句：「在哪兒？我們能走得到嗎？」

「當然不能，太太，那地方不好找，還是坐我的馬車吧，只要五鎊錢。」他見我上了鉤，更做出一付誠懇的神情。

露天市場，唔，那是我最喜歡閒逛的地方，特別是外國的露天市場，那就更有意思了，沿街擺攤的各色小販爭相兜售稀奇古怪的貨物，比千篇一律乏善可陳的購物商廈和機場櫃台的商品要精彩多了。

「你的馬吃過午飯了嗎？」我問他。

「我的馬？吃過了。」他先是一愣，然後很快就笑了笑。

他們都會用同樣的伎倆。

「這麼小的城市，我們問問路，應該不會有什麼問題。」我先生更情願自己走過去。

「那會很麻煩的，我帶你們去方便多了，我還知道賣紙莎草紙畫的地方、賣銀器的地方。」馬車夫說。

這一招更加厲害，我正打算買一些紙莎草紙畫和銀器。

好吧。

我們紛紛上了車。

坐馬車真的很好玩，只要不被敲竹槓。我先生一邊坐定，一邊半開玩笑地對我說：「但願這些馬兒沒有喝下午茶的習慣。」

馬車夫輕車熟路，左拐右拐便帶我們來到一片熱鬧非凡的露天市場，我得承認，若沒有他帶路，我們還真不可能找到這樣的地方。

這是個真正埃及人的集市，我是說，沿街販賣的都是些瓜果蔬菜柴米油鹽等東西，馬車夫告訴我們，不用下車，先帶我們到這裡看看，隨後即去我們要買東西的禮品店。

我喜歡當地人的集市，那裡有濃濃的生活氣息，穿長袍的埃及男人和從頭到腳都用黑布遮蓋得嚴嚴實實只露出一雙眼睛的埃及女人，熙熙攘攘地在各種貨攤旁穿行，赤腳的孩子們快活地在人群中鑽來鑽去，駱駝慢吞吞地擠著毛驢，活雞和活鴨們在籠子裡大聲地撲扇著翅膀。

我看到又紅又大的石榴，驚奇得不得了，忙叫馬車夫停下來，準備下車去買。

那車夫卻非常殷勤，擺手讓我等在車上，他自己跑過去幫我買了五、六個結結實實的大石榴，我們又用同樣的方法買了一些葡萄和李子，找回的零錢都給了馬車夫作為小費。

就在我們的馬車來到十字路口，即將要繞出集市時，卻被一片混亂堵在了那裡。

原來是正前方有一輛騾車，正在往地上卸蔬菜，騾車後面跟了一輛三輪機動車，司機扯著嗓門大罵騾子堵住了他的路，馬路對面的一輛推土機不知道為什麼這個時辰也起來湊熱鬧，不由分說地橫插在路當中，執意要通過完全沒有任何空隙的街道，這三方當事者互不相讓地糾纏在一起，以至於三條路上陸續地排起了長龍，一時間，埋怨聲喇叭聲咒罵聲紛紛塵囂塵上。

我們的馬車夫顯然不是甘於寂寞之人，見有熱鬧可湊，也把馬鞭往車上一插，跑到前面去推波助瀾。

而我，則利用這個機會，將相機對準集市上喧嘩的場面，不停地拍了很多照片。

這時，我的小女兒用手指悄悄地戳了我一下，我一轉頭，正看到蹲在路旁賣水果的一個少年，對著我身旁的女兒目不轉睛地盯視著。

啊哈，原來是這個當地的埃及男孩子對我女兒發生了興趣。

也難怪，我的女兒真的是很漂亮，她完美地結合了我和我先生的優點，既有東方人的黑髮紅唇，又有西方人的高鼻深眼，以至於所有見過她的人都會忍不住誇讚幾句。

特別是近來，她將近十二歲了，青春期的特徵開始在她身上顯露出來，連我也注意到，走在街上，越來越多的男孩子開始注意她了。

我為此高興。

我向那埃及男孩笑了笑，意思是「謝謝」，可他顯然誤會了我的表示，突然從攤上抓起了幾個水果，向我們的馬車擠了過來。

我連忙向他擺手，可他已經快步趕到我們的馬車跟前，將水果放在了我女兒的腳下。

我女兒窘得滿臉通紅，還沒等到我們有任何反應，那少年又扒開人群擠回自己的攤位上，痴痴地對我女兒傻笑。

我女兒顯然生氣了，把臉扭向一旁，固執地不朝那少年的方向望一眼。

那少年立即有了沮喪，停留片刻，忽然站起身來，把手放在嘴上，吹了一聲響亮的口哨，並且手舞足蹈，又是拍肩膀，又是跺腳，

嘴裡不停地發出奇奇怪怪的聲音，煞費苦心地想要引起我女兒的注意。

我女兒偏偏不肯回頭，完全無動於衷地繼續扭頭朝著相反的方向。

而我，則相當欣賞這位埃及男孩的勇氣，也為他的奇特的表達方式感到有趣好笑。

漸漸地，那少年安靜了下來，大概明白自己的努力是徒勞的，重新坐下來，默默地盯著我女兒的背影。

馬車夫也趕了回來，前面地路口有所疏通，馬兒開始慢慢地走動。

我女兒這時轉過身來，我對她意味深長地攤開手，生活中常常有許多無可奈何的事情。

馬車夫將我們拉出集市，在不遠的一家店鋪停了下來。

他告訴我們，這是本地最好的一家紙莎草紙畫店，拐角過去，便是銀器店，他將在路邊等我們，不著急，慢慢挑選東西。

我們當然心領神會，馬車夫將我們拉到某些商店，這店主不是他的七大姑八大姨，就是他的親朋好友，再不就是他的關係戶，我們買東西，他拿回扣和好處，這似乎是許多國家小生意的特色，我們如今已經見怪不怪，禮節性地接受了它。

紙莎草紙畫是埃及特有的一種當地藝術品。

我十五年前在倫敦居住時，曾在一個跳蚤市場買到一幅，當時是在一堆舊畫框中發現它的，覺得很特別，泛黃的紙面，鋸齒一般不規則的邊緣，頭頂水罐的埃及女人畫像，色彩正漸褪去，卻依舊有一種詭祕迷人的味道。

這幅畫後來隨著我飄洋過海，先是轉到紐西蘭，後又轉到澳大利亞，在一次整理舊物時發現了它，卻吃驚地看到，原本完整的一幅畫，竟然綻開大大小小的裂紋，大有一碰即碎的之勢。

後來我的一位朋友告訴我，那作畫的紙張一定是一種代用品，很可能是用芭蕉葉做的，所以時間一長，畫片便會愈變愈脆，現出裂紋。真正的紙莎草紙畫應該是用一種特別的植物紙莎草（Papyrus）為原料，才能歷經歲月。

於是我第一次聽到世界上有一種植物叫做紙莎草，並且開始琢磨，到哪能買到一幅正宗的紙莎草紙埃及畫。

選定到埃及度假，與紙莎草紙畫的情結不能說沒有關係，在我腦子裡諸多古裡古怪的奇想裡，埃及一定遍地盛長紙莎草，紙莎草紙畫應該像海邊貝殼一樣俯拾皆是。

推開紙莎草紙畫店的大門，一位戴著眼鏡，溫和有禮的埃及青年及時地向我們迎了過來。他沒有穿長袍，卻是淺色襯衫和深色長褲，顯得隨和平易。他的開場白也很簡單，一聲「哈囉」算是打了招呼，然後告訴我們，此時店內正在減價，全部紙畫以百分之四十的折扣求售，如果我們是第一次買紙莎草紙畫，他將很樂意向我們簡短地介紹一下紙莎草紙的製作過程。

　　這是一個會賣東西的商人，他懂得如何使他的客人打消顧慮，願意接受他的任何建議。我們自然對他說，「好啊，如果不麻煩的話，我們倒是很想知道紙莎草紙是怎麼做出來的。」

　　他做了一個「請」的姿勢，便帶著我們來到旁邊的一張早就擺放好了的長桌旁，上面秩序井然地陳列著案板，水盆，橄杖，等其它器皿。

　　他指著兩只浸泡著綠葉的水盆告訴我們，一只水盆裡是芭蕉葉的莖片，一只水盆裡是紙莎草的莖片，它們的區別在於顏色、手感、味道，和質地上，通常不大容易辨別，但是細心察看，還是能夠將它們區分開來的。

　　紙莎草在幾千幾百年前，還是埃及境內隨處可見的植物，如今卻已日漸稀少，只在部分地區才能夠生長，所以出現了替代品，比如芭蕉葉等。

　　他向我們展示如何從紙莎草上撕下莖片，如何用橄杖壓出莖片的水分，如何將脫水的莖片橫豎交錯地經緯排列，如何用重物把它們鋪平，如何製出精品使其保存數千年都不壞，就像埃及博物館裡的古代紙莎草紙畫，埋在地下又出土，還是可以流傳至今。

　　我們聽得津津有味，不知不覺之間長了許多知識，心存感激之餘，自然不好意思不買幾幅畫就走出店門，再說，我們也確實想買禮物帶給朋友。自然，我們買了一大堆令人眼花繚亂的紙莎草紙畫。

　　出了紙莎草紙畫店，拐到附近的銀器店，劈頭蓋腦便被店主人

「你們是從哪來的？」「你們住在哪一間酒店？」「你們叫什麼名字？」的詢問嚇得退了出來。

不打算買銀器了，至少不會在這兩天內想到銀器。

看看錶，時侯已經不早，該回酒店休息了，於是我們要求馬車伕將送我們回去。

車到酒店前，我們按原先講好的價錢付給馬車夫，五鎊錢從麥當勞去集市外加五鎊錢從集市到酒店。誰知馬車夫卻說，應該付他四十鎊。

我們一愣，以為是他的馬「真的有喝下午茶的習慣，而且吃了很講究的點心」，不料他說，當初他所說的價錢是指每一個人，不是指全家，每人十鎊，四個人自然是四十鎊。

這可是無稽之談！我們真沒想到天下還有這樣詭計多端會鑽空子的人。為了不想跟他囉嗦，我先生放下手裡的錢，轉身走進了酒店。

從此以後，我們又長了一些見識，再坐馬車時，千萬要不厭其煩地把所有的細節都先問明白，以免過後節外生枝。

「你們要坐馬車嗎？」

「唔，多少錢？」

「十鎊錢。」

「你是說十埃鎊？還是十英鎊？還是十美元？還是十歐元？」

「那可說不準，哪種貨幣最值錢就給我哪一種吧。」

「那麼，你的馬兒半路要不要吃午飯？喝水？飲下午茶？」

「看情況嘍。有可能樣樣都會來一點。」

「如果它們吃飽喝足了以後，把大便小便排洩在街上，我們要不要付清潔費？」

「那要看掃大街的怎麼開價了？」

「如果你的馬兒見到異性，忽然發情，半路撒歡撞倒行人，我們要不要事先支付保險費？」

「這可沒準兒。」

「如果……？」

「……」

乾脆，咱們別坐馬車了，走路省事多了！

4　The Valley Of The Royals

帝王谷和皇后谷

我還在睡夢之中，便被一陣高音喇叭吵醒，恍惚之間，還以爲是文化大革命又捲土重來了，側耳細聽，才明白是召集穆斯林教徒們起來祈禱的喊聲。

此起彼伏的說唱從大大小小的清眞寺圓頂昇入天空，熱鬧地籠罩了全城。

我先生在我旁邊翻了個身，睡意依舊朦朧，含含糊糊地對我說：「知道嗎，伊斯蘭教徒一日祈禱五次，第一次是…」他抬頭看看床頭座鐘，「清晨四點半。接著睡吧。」

可我已經被吵醒了。

一日祈禱五次，眞是不可思議。記得在開羅街頭曾經看到，隨著阿訇的聲音悠揚地響起，所有路上的行人，在那一瞬間都立即面朝一個據說是麥加的方向，跪在地上，將頭部和雙臂深深地匍伏在地。那份虔誠，使站在一邊旁觀的我們，也不由得不被感動了。

又記得朋友講過，穆斯林每年一次的禁食月（Ramadan），也同

樣令人不可思議。想想看，整整一個月，從地平線上第一道曙光出現
到太陽落山，虔誠的教徒們便開始不吃不喝，不行房事，有的人甚至
連自己嘴裡的唾沫都被視爲奢侈品，不肯吞嚥下去。

　　這眞讓我肅然起敬。可那些自然分泌出來的唾沫都吐到哪兒去了
呢？滿大街都放置痰盂嗎？不大可能吧，那麼，唾沫只好被吐在地上
了。不敢想像，如果唾沫都吐在大街上，該不是形成人造游泳池了？

　　不得了。

　　我不由得吞下一口唾沫，試圖說服自己再度睡入夢鄉。

　　第二陣高音喇叭把我們吵醒時，已是早上七點半鐘，這一次，無
論如何再也睡不著了，轉身問我先生餘下的祈禱時間，他說大概是中
午十二點、下午三點半、晚上七點半。這麼精確，我知道他又是現買
現賣的。

　　這倒好，埃及人不必在家裡備有鐘表，隨著祈禱的鐘點起居行事
就行了。

　　我們起了床，到樓下的酒店餐廳吃過早飯，精神抖擻，準備好了
出發去帝王谷。

　　這是此行的重點。

　　帝王谷。

　　這名字聽起來就如雷灌耳。事實上，在「帝王谷」這個統稱之
下，還應該包括有皇后谷、拉美西斯二世祭祀殿、哈塞普蘇特陵廟等

古埃及遺址，全部神秘地隱藏在一大片連綿起伏的群山深谷之中，遙遙坐落在尼羅河的西岸。

在古埃及人的觀念中，向來習慣於以尼羅河為界劃分生死，河的東岸是太陽升起的地方，屬於生靈之地，所有的宮殿神廟都建在東岸；河的西岸是太陽沉落的地方，屬於死者境界，所有的墓室墳穴都建在西岸。

出於同樣的原因，幾乎所有的酒店也都蓋在尼羅河的東岸，想必是大多數遊客們都不願意在夜晚與死人結伴。

我們也住在東岸，要想去西岸參觀帝王谷，就得橫渡尼羅河。

我們走出酒店還沒有超過十公尺，便被一群守候在外的埃及人團團包圍住了，其中有幾個熟悉的面孔，正是昨天早上糾纏過我們的那些人。因為有了與日俱增的當地旅行經歷，以及早上在酒店櫃台的諮詢，我先生打定主意，坐國營的渡輪過河，到了對岸再租私人計程車。

可那群圍在我們身旁的埃及人，卻不依不饒不肯離去，喋喋不休地勸說：「先生，你昨天不是說今天要去帝王谷嗎？坐我的船過去吧，到了對岸我們還有計程車，多方便啊。」

「No，」我先生耐心地說，「我們去坐國營的渡輪。」

「國營的渡輪？那要走好遠呢，而我們的船就在這裡，喏，你都能看得到，多漂亮的船啊，就載你們一家人，和國營的輪渡票價一樣。」

我們朝河邊的一溜小船望去，五顏六色，是挺漂亮，可誰敢相信他們的話呢，要是一旦上了他們那漂亮的小船，到了河中心，突然停下來，就地重新討論價錢，抱怨今天的風太大，消耗了過多的燃料，或是當初講的價錢只是一名遊客的價格，而我們是四個人，開口要定五十美元，不交錢

河邊的渡輪

就不開船。到了那時候，上面是蒼天，下面是急流，前不著村後不著店，說不定河裡還躲著一條飢腸轆轆的大鱷魚，可就不是那麼漂亮的事了。

以我們昨天的教訓，防人之心不可無啊。

我們不想多費口舌，便堅定地擺擺手，大步流星地朝前走去。

其實，渡輪離我們的酒店並不遠，只有五分鐘的路，排隊買票上船，一個人只要一個埃鎊，毫無節外生枝的麻煩。

多簡單的一件事情。

　　同船的乘客中，有幾位穆斯林女人，恰巧就坐在我們的對面。她們穿著黑袍，罩著黑紗，只露出一雙眼睛。

　　即使這樣，我還是能夠看出她們的眼睛十分標緻，可惜的是，左看右看看不到她們的臉龐。

　　我一向認為穆斯林女人長得很美，她們皮膚白皙，鼻樑挺直，深陷的眼睛覆蓋著濃密閃亮的睫毛，體態輕盈有致。

　　不過，這樣出色的造物主作品，卻不得不拒人於千里之外地裹在厚重的黑色屏障之下。

　　據說，阿拉在《古蘭經》中是這樣解釋的：「先知啊，你應當對你的妻子，你的女兒和信徒們的婦女說，她們應當用外衣蒙著自己的身體，這樣做最容易使人認識她們，而不受侵犯。真主是至高的，是至慈的。」

　　這意思是不是說，用黑袍黑紗裹住身體和臉龐的女子們，便有了某種標誌，好色的歹徒們一看到她們的裝束，便會即刻打消冒犯的念頭。而對我們這些不蒙頭不蒙面的女子們，自然在劫難逃地，隨時隨地有可能遭到侵犯？

　　這說不定還真是那麼回事。

　　記得臨來時，旅行社訂票的小姐半開玩笑地說：「不要穿得太歐洲了，那樣會引起許多麻煩。」

　　別穿得太「歐洲」了，什麼意思？是指不要穿肚臍裝？透明衫？吊帶裙？比基尼？還是指短褲？短衫？拖鞋？游泳衣？前者嘛，我和我女兒都不會穿，我是因為「超齡」。我女兒是因為「低齡」，所以我們不可能「出軌」。後者嘛，倒是裝備齊全地隨身帶了，可到了埃及

才知道有多「涼快」,至今還沒派上用場。

　　這麼說,我們在埃及應該是合乎當地禮教的,安全的。

　　可根據古蘭經的定義,我們的著裝似乎依舊不夠合乎規範,「你們的衣服不夠厚重,只有厚重的衣服才會像一層銅牆鐵壁。你們的衣服不夠寬鬆,只有肥大的衣服才會遮住身上的羞體部分。你們的衣服不夠肅穆,而鮮艷奪目的色彩是迷惑人的,是吸引人想入非非的奇裝異服。你們的身上能被聞到沐浴後的香氣,而噴灑香水的女人是有意要激發男人對她們的興趣,這種女人,犯下了與姦淫者同樣嚴重的罪行。」

　　哎呀呀,聽起來真是十惡不赦。

　　那麼,那些穆斯林的女人們將自己除了眼睛和雙手都嚴嚴實實地包裹在黑色世界裡,果真能斷絕陌生男人對她們的欲念,或者是,使那些專門在夜晚偷襲婦女的不逮之徒,遠遠看到身穿長袍頭戴面紗的身影就慚愧地迴避開了嗎?

　　我沒有做過實地考察,不得而知。

　　至於想到我女兒和我,只好引用《一千零一夜》中最頻繁出現的那句話,「全無辦法,只盼偉大的阿拉挽救了。」

　　輪渡漸漸靠近西岸,山的面貌愈加清晰。

　　我凝視著那片土褐色的群山,聯想到藏匿在深谷裡的法老們的屍骨,他們的靈魂此刻在哪?是在天堂?還是在地獄?

　　按照古埃及人的信仰,人生可以無限地延伸,生命進入死亡,死

亡進入生命，輪迴轉世，息息不滅。

即使肉身已經被埋進土裡。

而墳墓，其實是人們眞正的住所，是從出生便應該準備的「後事」，是死後繼續生活的歸宿。

因此，法老們修陵墓，王公貴族們修陵墓，普通人也修陵墓。人們甚至將陵墓修得比前世的房子還要寬敞，裡面的設置也要盡量與前世的房子相似，最好生前喜愛的寵物和奴僕也一並入住，這樣，才不會感覺寂寞和不便。

這是一種實際的樂觀主義，生在現世，積極地爲來世儲備，生與死便都不會成爲負擔。

「哈囉，哈囉。」一群埃及小孩子，在我們的輪渡即將靠近的岸上，手舞足蹈地雀躍著，將我的思緒從遠山喚了回來。

「哈囉。」我們一邊下船，一邊回答著孩子們的招呼，對這種天眞的熱情，任何人都難以無動於衷。

「One dollar, one dollar.」孩子們緊接著伸著小手向我們和其他幾位渡輪上下來的遊客圍攏過來。

啊哈，這便是「問候」的代價，原來世上並無免費的午餐。

「走開，走開！」一個穿長袍的埃及人不由分說地推開小孩子們，滿面笑容地問我們：「去帝王谷嗎？要計程車嗎？」

「是的。」我先生說。

「一百二十鎊。」那人臉不變色心不跳地說出一個價錢。

「不可能，八十鎊。」我先生已經事先打聽好了當地的價格，斬釘截鐵地說。

那人想了想，「好吧。」便同意了下來。

於是，我們進一步把所有的細節都敲定了，先是去皇后谷，然後去哈塞普蘇特的陵廟，最後去帝王谷，全家四口人，一個價錢，沒有額外的午飯費，沒有額外的汽油費，沒有額外的下午茶……。

那人笑了笑，握了握我先生的手，「你入門很快。」

「I am a quick learner。」我先生打趣地說。

皇后谷（Valley of the Queens），在帝王谷西南方向不遠處，是專門埋葬王室后妃和子嗣的地方。

我卻不由得納悶，法老們的妻子兒女死後不跟自己的丈夫父親葬在一起，而是遠遠地「分居」著，他們不寂寞嗎？抑或將來轉世時，打算重新再嫁再娶？

沒人知道。

眾所周知的是，在皇后谷所有的地下墳墓中，王后涅菲爾塔里（Queen Nefertari）的墓室最華美，因為她是拉美西斯二世的寵妻，夫貴婦榮，又趕上國富民強的盛世，修建陵墓自然要講究了。

所以，我們一下了計程車，便打聽王后涅菲爾塔里墓（第66號墓）的墓室售票處，直奔過去。不料，卻碰了釘子，我們被告知，當天的票已經全部售完了。

這怎麼可能呢？此時剛剛十點鐘，參觀券就都賣光了？

「是的。」售票處的小伙子耐心地告訴我們，涅菲爾塔里的墓穴每天只容許150個遊客參觀，要早來才能夠買到票。

這種情況誰知道啊！

原來，涅菲爾塔里的墓穴，由於雨水長年累月不斷地從花崗岩滲透，導致大量的濕氣和鹽晶的腐蝕，屋頂和牆壁的繪畫正面臨毀滅性的破壞。

五十年代初，墓室曾經關閉。

八十年代以後，政府開始重視，花費了大量人力財力挽救這座國寶。

九十年代，才重新對外開放。

但是每日只限售一定的票數，為了維持墓室內的正常濕度。

我們心平氣和了，為了讓更多的人更長久地看到這座墓室，我們又有什麼可抱怨的，怪只怪自己事先沒有打聽清楚。

剩下的墓穴，我們選了第52號赫蒂王后和第44號阿莫皇太子的陵室，簡單地瀏覽了一番，心中卻不斷地惦記沒有看到的涅菲爾塔里墓穴，耳邊偶然聽到那些參觀過的人對它的讚美，更加思前想後，明天是不是該專程再來一趟？

我們的計程車司機沒有像事先約定的那樣，在皇后谷停車場等我們，大概是忙裡偷閒，趁我們進入景點參觀的空擋，又去拉別的客人。這可能便是他為什麼挺爽快地同意我們付80鎊的原因，想必他在那一刻已經盤算好了的。

　　果然，不遠處的路上塵土飛揚，我們的司機氣急敗壞地趕了回來，嘴裡說出一連串的對不起。我們是不大高興，想要抱怨幾句，可看到他一副上氣不接下氣的抱歉樣子，便只好揮了揮手，表示沒有什麼。做人做事有時都有迫不得已的時候，還是與人為善比較好。

　　哈塞普蘇特陵廟（Hatshepsut Temple）坐落在帝王谷和皇后谷之間，據說是世界上別出心裁最引人入勝的陵廟。

　　我想，並不僅僅是陵廟本身的魅力吧，它的主人哈塞普蘇特（Hatshepsut）富有爭議的一生和毀譽參半的經歷，想必也為這座建築物憑添了不少色彩。

　　難怪，還隔著老遠的距離，哈塞普蘇特陵廟便從大山腳下以一種橫空出世的姿態，醒目地展示在我們的眼前。

　　準確地說，它依仗山勢，附會峭壁，與天地渾然一體，就好像是上蒼的一雙巨手，握著鋒利的小刀，將大山劈成兩半，一半做背景，一半琢磨成一片宮殿般宏偉壯麗的殿堂。

　　絕對的天工神斧！

　　我們的車不准開到山腳下，必須停在一里多以外的售票亭，然後步行上去。

　　這一段路程可不短，先要經過一排人面獅身的甬道，爬上大理石的陡坡，進入庭院平台，再經過第二排人面獅身的甬道，爬上第二個大理石的陡坡，才到達陵廟的神殿。

　　神殿內外布滿了彩繪和雕像，奇怪的是，偏偏看不到女王哈塞普蘇特的石雕，這多少有點不可思議。歷來的法老們，在為自己樹碑立傳時向來都是不遺餘力的，哈塞普蘇特也不例外，我道聽途說，她甚至是一個相當好大喜功的女法老，況且那位設計陵廟的Senenmut，盛傳是哈塞普蘇特的情人，豈有不為她歌功頌德的道理？

　　事實上，陵廟初建成時，哈塞普蘇特的雕像和偉績比比皆是，只是在她死後不久，突然間，所有她的痕跡都被人無情地抹去。

　　是誰膽敢、並且能夠，在上一任法老屍骨未寒之際，做出此種舉動？

　　不難猜出，只有一個人能夠有這樣的力量，他便是新一任的法老！而此人竟然還是哈塞普蘇特的兒子，被後世稱為「古埃及拿破侖」的圖特摩斯三世（Tuthmosis III）。

　　從血緣上說，圖特摩斯並不是哈塞普蘇特的兒子，他們之間很像是我們中國清代的慈禧太後和繼子光緒皇帝的關係，名義上稱呼「親爸爸」和「兒子」，實質上是王位爭奪的仇人。

　　哈塞普蘇特無疑是一個聰明絕頂的女人。

座落於危崖谷地的哈塞普蘇特陵廟（Hatshepsut Temple）。

大凡有智慧的女人，通常也是有野心的，如果因爲環境和性別的原因，野心不能得以暢通無阻地實現，便會尋找其它的渠道，使用計謀和膽量，不擇手段地達到目的。

有時歷史也會慷慨地爲她們提供一些機會。

哈塞普蘇特的父親，是第十八王朝的法老，他共有三個孩子：哈塞普蘇特和她的兩個哥哥。

在這三個孩子中，只有哈塞普蘇特有純粹的皇家血統，也就是說，她是由她的父親與她的王后母親所生的，其餘的兩個哥哥都是出自父親的側室。

如果哈塞普蘇特是個男孩，她便會理所當然地作爲首選，繼承父親的祖業，可惜上天與她開了個殘忍的玩笑，她偏偏是個女孩。而她的哥哥，儘管血統不夠純正，卻因爲是男孩，便以性別上的優勢繞過她得到了王位。

爲了使她不至於過分失意，父母特意安排了年僅十二歲的哈塞普蘇特嫁給自己二十歲的的同父異母的哥哥，成爲圖特摩斯二世的第一

龐特浮雕。記載哈塞普蘇特女王遠赴龐特（Punt）的經歷。

夫人。

　　這位新上任的圖特摩斯二世，大概天生就沒有帝王命，他身體羸弱，不停地患染各式各樣稀奇古怪的疾病，經常臥床不起。哈塞普蘇特便自然常常幫助丈夫料理國家大事，這也可以解釋爲，上天還是相當眷戀她的，讓她有機會參與朝政。事實上，哈塞普蘇特很早便與丈夫共同掌管了這個國家的大權。

　　不久，哈塞普蘇特的丈夫突然死了，遺憾的是，他沒有來得及給哈塞普蘇特留下孩子，倒是丈夫的側室，懷孕生下一子，順理成章地過繼給哈塞普蘇特，成爲新一任的圖特摩斯。

　　新繼承王位的圖特摩斯三世年齡太小，不能獨立治理國家，哈塞普蘇特順勢「垂簾聽政」，大權獨攬，繼續享用說一不二的權力。

　　是誰說的「唯女子與小人難養也」？孔子嗎？

　　他這話是從哪裡找到的根據？

　　哈塞普蘇特顯然是孔子偏見的例外，她垂簾聽政的二十年時間裡，將埃及治理得井井有條，繁榮昌盛。她對外積極開拓與周邊國家的貿易關係，大膽發展紅海地區（The Land of Punt）的通商探險，源源不斷地爲埃及帶回來黃金象牙香精香料等諸多財富，對內修復、建築一系列的神廟宮殿，爲平民百姓改善居住環境。

　　可以說，哈塞普蘇特成功地以自己強硬的政治手腕，和游刃有餘的策略方式，證明了女人不該只配與小人相提並論，女人比男人並不遜色，女人比男人更凶狠。

　　可私下裡，哈塞普蘇特果眞沒有作爲女人的困惑嗎？

　　歷史學家們猜測，她是有的。

哈塞普蘇特陵廟
裡的哈特聖殿,
柱頭以哈特女神
頭像為裝飾。

　　在宣布自己是埃及歷史上第一位女法老時,為了取得祭司們的支
持,她不得不借助神的威力說服人們,她是太陽神的女兒,是太陽神
將她派到人間,並對她說,「親愛的女兒,哈塞普蘇特,妳就是埃及
人的君王,歡迎妳,請妳照料妳的兩塊領土吧。」

　　平時,她也很喜歡用男裝打扮自己,動不動就戴上男人的鬍子,
與其他男法老那樣,使形象顯得陽剛威武。

　　她還在神廟的方尖碑上,刻下醒世名言,說「未來瞻仰我紀念碑

的人們，當討論我的所作所爲時，請記住那所有發生過的一切。稱頌是當之無愧的，埋葬在地下的父親也會深感安慰。」

　　哈塞普蘇特的父親想必爲自己足智多謀的女兒而自豪，可哈塞普蘇特的繼子卻顯然對自己大權獨攬的母親，有著截然相反的看法，她使他整整推遲了二十年，在哈塞普蘇特壽終正寢之後，才得以親自掌權。

　　自然，在圖特摩斯三世登基以後，第一件事，就是在哈塞普蘇特生前爲自己建造的陵廟內，銷毀掉大部分有關她的雕像和壁畫，讓人們在記憶中徹底忘掉這位古埃及赫赫有名的女法老。

　　遺憾的是，歷史很難抹煞，陵廟柱廊和牆壁上仍有一些殘餘的繪畫，使今天的人們依稀可辨她作爲太陽神女兒誕生的經過，以及她派遣遠征軍去索馬里開拓商貿路線的紀錄，和在尼羅河兩岸修築廟宇主持宮廷會議的場景。

　　而最難除去的，是哈塞普蘇特陵廟本身。這座令世人稱奇的非凡建築，古埃及遺跡中最美麗的葬祭殿，以一種女性所特有的優雅姿態，向人們展示出過往曾經輝煌一時的歷史。

　　我們在哈塞普蘇特陵廟逗留了大約一個小時，走回停車場時，看到我們的司機正笑臉相迎地在那裡等我們，而且，爲了表示他在皇后谷讓我們久等的歉意，主動提出在去帝王谷的路上，稍微繞一點路，帶我們看一個有趣的村落。

　　我們自然是喜出望外。

　　這個名叫克魯納（Gurna）的小村子，遠遠看去，由一個個漆成白色的泥築土屋組成，安靜而又古樸，錯落有致地依傍在山腳下。

　　稍一接近，才恍然發現，那裡其實熱鬧得不得了，家家戶戶的院牆上，塗滿了五顏六色鮮艷無比的圖畫，據司機告訴我們，那都是每一間房舍的主人自己動手畫的。

　　作為穆斯林，除了每日祈禱五次和在齋月禁忌飲食男女以外，還有一件必須遵循的教規，便是有生之年至少要去聖地麥加拜謁一次。而這些圖畫就是房子的主人，通過這種有趣的方式，告訴其餘的村民們，他去麥加朝聖時的所見所聞。比如說，他是搭乘什麼樣的交通工

具去的，是坐汽車坐火車還是騎著一隻衰老虛弱的駱駝；他在沿途都看到了什麼，是一個賽一個漂亮的姑娘，還是一大堆躺在河溝裡的蛤蟆；他每天都睡在哪裡，是大樹底下還是旅店鋪著光滑涼席的床上；他大多數時間都吃了些什麼，是自家烙的乾饃還是地裡偷的甜瓜………。

那些繪畫真是生動極了，我忘乎所以地拍了許多照片，想著如果開羅城裡的人們也在住宅外面的牆壁上，畫上些自己生活中的故事，那麼整個城市看上去很可能宛若一千零一夜的露天巨型畫廊，既妖嬈又美麗。

計程車司機又告訴我們，不幸的是，政府現在正計劃將整個村子搬遷到別處，因為有許多考古學家猜測，村落的底下很可能有隱蔽的法老墳墓。

為什麼法老們把墳墓建在村落的底下？為什麼法老們把墳墓建在帝王谷裡？

相信很多人都想弄明白這個問題。

遠古時期的法老們，似乎更熱衷於修築金字塔，他們從西元前2180世紀起，便專心致志地琢磨如何將自己死後葬身的金字塔修得像堡壘那樣固若金湯，好把生前享用的財富和自己寶貝的木乃伊結結實實地藏在裡面。

經過幾個世紀的努力，他們最終不得不承認，那些金字塔好看是好看，不過實在是太招眼了，他們前腳剛被埋入裡面，後腳便有伺機

陵墓中的壁畫

等候的竊賊們無孔不入地潛伏進去，將他們本來想留給自己來世享用
的金銀財寶盜竊一空。

　　每一位剛剛走馬上任的新法老，第一件事，便是為自己選地修建
金字塔，在此後漫長的幾十年歲月中，一塊石頭一塊石頭地在眾人們
的眼皮底下疊將起來，竊賊們自然早就將所有的地形不慌不忙地了解
得一清二楚了。

　　於是，他們漸漸明白了「樹大招風」的道理，開始將目光轉向遠
離城市的隱蔽地方。

　　尼羅河西岸的底比斯山脈，距開羅七百多公裡，正是遮擋眼目的

最佳選擇。那裡群山起伏，遍地布滿堅硬的花崗岩，荒涼而又鬼魅，特別是其中有一座山峰，那形狀剛好就像是騰空而立的金字塔。

就這樣，帝王谷便由此誕生了。

以後的朝代，特別是新王國時期的法老們，幾乎人人都喜歡將自己葬在這裡，漸漸地，帝王谷便成為皇室家族的風水寶地。

不幸的是，道高一尺魔高一丈，不甘寂寞的竊賊們不知什麼時侯也嗅到了隱蔽山谷裡的特殊氣味，無論法老們怎樣絞盡腦汁，精心設計墓穴地點和通道，竊賊們仍舊能夠不遺餘力地找到它們。

很多人猜測，盜墓者們的幫凶是不是就是那些數世紀以來站在山崗上裝模做樣放哨的守衛們呢？

畢竟，好處人人都想撈一把。

誰知道呢？

反正是偌大的帝王谷，在迄今為止發現的六十四座墓穴中，除了1922年英國考古學家卡特發現的圖坦卡門法老的陵墓，保存尚且還算完整，其餘的全部被人一次又一次地光顧過了。

這也是為什麼圖坦卡門墓穴的發掘震驚了二十一世紀，現代的人們還是頭一次有機會看到沒有被破壞過的古埃及法老們的陵墓。

儘管如此，人們還是很願意來到帝王谷，絕大多數墓穴雖然已經面目全非，成為名副其實的「空洞」，可是不幸之中仍有大幸，墓室的結構依舊照原樣保存了下來，墓室的壁畫依舊像被施了魔法一樣美艷如昔，墓室的

石棺依舊巍然不動地坐鎮在原處……，所有這些依舊深深感動著千里
迢迢趕來觀看的人們。

我們到達帝王谷時，高興地發現那個月一共有十七座陵墓可以對
遊客開放，每一張門票可以選三個墓室參觀，圖坦卡門的墓室要買專
票，比普通票貴很多。

我們決定無論如何也要看圖坦卡門的墓室，因為它實在是「一生
不去便會遺憾的地方」，接下來，再買一張普通票，撞大運一般任選
三個其它的墓室，走著瞧了。

圖坦卡門的墓室卻讓人大失所望。

我們以為，既然門票賣得貴，一定是個很有看頭的地方，進去以
後才知道，「物有所值」這句話並不在此適用，大概門票賣得貴，是
為了減少入內的遊客人數，保持墓室空氣新鮮流
通，順便再利用名人效益，為政府
的歲收增加點收入。

願者上鉤嘛。

難怪旅行社的團隊都對它繞道而
過，原來他們早就明白了。

只有我們，和一些無所不在的日
本遊客，懵懵懂懂地進入圖坦卡門的
墓室，突然發現自己站在空曠的廳內，

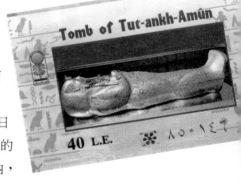

面對一尊孤零零地置於地上的鍍金棺材和半壁沒有來得及完成的繪畫發呆。

那些曾在照片上看到的堆滿寶物的景象到哪去了？

那些鑲著怪獸的金床，包金的四輪戰車，巨大的武士雕像，金柄鐵刃的長劍，狩獵用的武器，船隻模型，黃金手杖和腳墊，精致的餐具寢具煙具，四周鑲滿了寶石的國王寶座……，都到哪去了？

還用說嗎？傻子也應該事先就想到了，它們當然是現在正在埃及博物館的展廳裡被成百的觀光客圍觀贊嘆。

可我們確實還真沒有想到，被搬空的墓室能夠如此的空曠，而我們還得為這空曠付上四張並不便宜的門票。

我前後左右四處轉了轉，耐心地說服自己確實沒有更多可看的東西，才又回到鍍金棺材面前，至少那裡面，還躺著圖坦卡門的木乃伊。

我猶猶豫豫地看了一眼那躺在長方形棺木內的人形匣子，禁不住猜想圖坦卡門的木乃伊是不是正蜷縮在裡面呼呼大睡，於是，我的雞皮疙瘩正在一層一層地活躍起來。

我敢肯定，太陽下山後，我絕對不要待在這間墓室裡面，誰知道木乃伊在黑暗的慫恿下會幹些什麼，即便它乖乖地躺在那裡，三更半夜與一具死了上千年的屍體共處一室，也夠令人毛骨悚然的了。

木乃伊。Mummy，原詞來自阿拉伯文的Mummiya，意思是「瀝青」。究竟人死後生命還會不會繼續？保存完整的屍體真的可以使靈

魂來世時有所依附嗎？

　　古埃及人的答案是肯定的。

　　這便是為什麼千百年來，埃及人孜孜以求地重視死後的屍體保存，並且為此發明出一整套系統令人咋舌的製作方法。

　　早期的木乃伊，應該說是大自然的作品。特別是在沙漠地帶，炎熱乾燥的沙粒很快吸乾了各種死去的動物的屍首，風化以後，逐漸變硬，不知不覺地保存了下來。

　　遠古的埃及人顯然注意到了這種現象，並且從中受到啟發，每當有人死去，便將屍首背到沙漠，留在那裡，等著它們形成天然乾屍。

　　大英博物館便有幸得到這樣一具陳年風乾腸似的古人屍體，小心翼翼地將它陳列在醒目之處，頗為自負地對外宣稱已有五千年的歷史，並且給他起了個挺生動挺有型的名字Ginger，意思是「乾薑」。

　　後來埃及人進步了，覺得將祖先的屍體丟在沙漠，很有點不敬，於是發明墳墓，既讓死去的親人免遭風吹雨淋鳥獸啄食，又可以離自己比較近。

　　可問題卻隨之來了，葬在墳墓中的屍體失去大自然的撫摸風化，開始腐爛變臭，埃及人不得不動腦筋，尋找保存屍體長久的辦法。

　　經過長期的努力，古埃及人最後終於摸索出了一套離奇古怪的方法，來處理他們先人的屍體，也就是我們今天所說的木乃伊。

　　這方法相當神秘，相當費事，也相當昂貴，在當時，只有皇室貴族才有可能消受得起。

　　首先，先要挑選出一位德高望重、博學強記的祭司來勝任此事。

　　這個人必須懂得解剖學和生理學，熟悉人體的構造，像庖丁解牛

那樣，「手之所觸，肩之所倚，足之所履，膝之所踦……以神遇而不以目視，……以無厚入有間，恢恢乎其於游刃必有餘地矣」。

這個人必須懂得物理和化學，知道氧化鈉可以用作乾燥劑，而氧化鈉的合成至少要包括碳酸鈉、碳酸燁鈉、鹽和硫化鈉等成分。

這個人必須懂得古代占卜學，通曉肉身、拔、卡、阿赫的相互關係。

這個人必須懂得冥學，深諳「死亡之書」、「生命之鑰」、聖甲蟲，以及其它大大小小護身符的用處，並且玄妙地將它們擺放在身體不同的部位。

這個人必須懂得植物、紡織品、咒語、象形文字、釀酒術……，天哪，他簡直就是一個無所不能的神。

想想看，動手擺弄法老的身體，可不是什麼尋常人就可以勝任的事，況且，這身體還得要保存下來，讓它千秋萬代永垂不朽。

所以，古埃及製作木乃伊的祭司，無疑是令人敬畏的人。

即便如此，為了進一步表現他的神聖，在製作木乃伊的整個過程中，祭司還要戴上刻有狼頭的面罩，用來強調他是阿努比斯神（Anubis）的化身。

我私下裡卻猜想，這倒與我們今天的外科醫生手術時戴口罩不謀而合，對人對己都比較衛生。

通常，製作一個木乃伊要用七十到一百天的時間。

第一個步驟，是防腐處理。剛剛死去的屍首先要冷卻二到三天，然後由祭司用香浴沐洗雙手，開始清理死者的頭部，也就是說把腦袋上所有液狀的東西都去除掉，比如說腦髓。為了不破壞整個頭骨，祭

司將一種別緻的倒鉤從鼻腔伸入腦顱，倒入一些棕櫚酒，輕輕攪拌一下，使腦髓和酒溶解在一起，再把屍體翻轉過來，讓混合液體從鼻孔流出來，又倒入一些藥液沖洗，整個腦殼便立即空洞潔淨，灌上些許松香油，再取出眼球。

接下來，清洗胸腹部，五臟六肺一向是蛀蟲喜愛的食物，大概是因為它們有苦有甜，味道各異。祭司駕輕就熟，右手握著一塊鋒利的黑曜石，左手按住側腹部，輕輕一劃，便將裡面的心、肝、肚、肺、大小腸、膀胱等物袒露出來，他把它們置於碳酸鈉粉末中，乾燥以後，用細白的亞麻布裹好，分別裝進不同形狀的瓶罐裡，以備與屍體一同下葬。掏乾淨的胸腔，再用棕櫚酒和搗碎的香料沖洗，填入樹脂，亞麻布，蘇打粉，照原樣縫好，埋進碳酸鈉粉末中乾燥。

大約七十天以後，屍體便會乾透，然後運到尼羅河邊，用流水清洗，塗上一層松脂，整個屍體便處於自然凝固的狀態。

這時候，原來塞入胸腔內的填充物被徹底取出來，重新放進新鮮的樹脂、亞麻布、香料和木屑，以及，加工過的乾燥心臟。

最後，屍體的周身塗滿芳香油，由一層層浸透粘稠樹脂的純白亞麻棉布從頭到腳細密地纏繞起來，每一層亞麻棉布裡夾入作用不同的護身符，靠近心臟的地方則放上一隻聖甲蟲，希望它保佑死者順利經過地獄。

至此，一具完美的木乃伊算是大功告成了，它將會長久地保存下去，上千年，上萬年，甚至上千萬年。

這可能是件好事，也可能是件壞事，世界上的事從來都是既好又壞，既壞又好。幸虧遠古時代不是所有的國家都懂得將死人製成木乃

伊，否則的話，今天我們這些後人恐怕連站腳的地方都沒有了。

　　木乃伊製好以後，馬上便被放入人形棺材裡面，通常在這時，屍體的雙手和雙腳會用特殊的布條纏在一起，雙手之間壓上一本「死亡之書」，整個屍體再用一大塊白布包起來，捆上細細的麻繩，在周圍大聲的唱詩中，徐徐置入棺木。

　　死者的親人們終於鬆了一口氣，餘下的事，便是歡天喜地地大擺宴席，慶祝生命在現世的結束。

　　古埃及人對待死亡的態度，實在很值得我們今天仿效，他們將死亡看成是一件令人高興的事，從而克服了對死的恐懼。

　　可不是嘛，如果沒有結束，怎麼可能會有開始呢？

　　這使我不由得聯想到當年拿到大學錄取通知書的那一刻，其實就是同樣的一種心情，明明知道進入大學以後，將要有四年漫長的寒窗苦讀，往昔那些逍遙自在的悠閒將會一去不再復返，可還是心甘情願地「以苦為樂」，因為知道，生命從此進入了另一個階段，一個更高的境地。

　　古埃及人在面對死亡時，恐怕也是這樣一種「更上一層樓」的心態。他們認為，生命是由三個部分組成的：肉身、個性，和靈魂。肉身即是身體，有美有醜，形形色色；個性表現出每人的特徵，肉身消失了以後，這些特徵也隨之無影無蹤；靈魂則是真正的生命力，即使肉身死亡之後，它不僅依然存在，而且進入另一個世界。

　　在現世中，肉身受到的待遇常常有很大的差別，有錢人享樂終身，死了以後屍體還可以由祭司精心料理，用最貴重的香料和化學品小心的保存下來，眼窩裡鑲上寶石，口中含著象牙和金片。沒有錢的

人，終生辛苦，死後草草葬在沙土裡，一身褸衣。

可是靈魂，不論富人窮人，在神的面前將會受到一律平等的待遇。它們在脫離了死去的軀殼以後，便躊躇在冥間的門口，等待阿努比斯神逐個帶領它們進入裡面，然後經歷一系列的險境，刀山、火海、怪獸、毒蛇、沸湖、蠍洞……，種種考驗之後，最後抵達冥間的大廳。

在那裡，最後的審判在等待著他們。

三個審判官，冥神、胡狼神，和鷺鷥神，靜靜地侯在那裡，旁邊擺放著一只巨大的天秤，一端繫著一根羽毛，另一端將放上死者的心臟。

這天秤就如同是一個精密測謊儀，專門檢驗死者生前所說的謊話和所做的錯事，如果繫著羽毛的一端高高抬起，說明死者的心臟過重，生前罪孽深重，守在一旁的混有豺狗、鱷魚，獅子特徵的怪獸Devourer，便立即撲上前來，一口將心臟吞掉，死者便永遠失去了自己的心，從此不能復活。

這可真是比死亡還恐怖的事。

我絕不敢把自己的心臟放到那秤上，我生前說過很多謊話，做過很多錯事，儘管那些謊話有時是出於自私自利，有時是出於無奈不願傷害別人，儘管那些壞事在各種各樣的標準面前，也很難得到一致的判斷，但我有自知之明。

而且我也敢肯定，世界上還有許多人的心臟，恐怕早早已經被狗吃掉了。

真正誠實善良的人在這個世界上實在是太少了，相對的，誠實善

良的人在這個世界上也許還有那麼一些，倘若這些好人真的有幸能夠死而復活回到人間，確實是件值得慶賀的事。

不過，在慶賀之前，先要找到自己原來在人世間的屍體，才能盡善其身。聰明的埃及人早就想到了這一點，他們在木乃伊入棺以後，便在最外層的棺木上唯妙唯肖地畫出死者的容貌。這樣靈魂便可以容易地對號入座，找到他們前世的肉身。

特別是對法老們來說，他們死後復活，當然是再做法老，繼續享受榮華富貴，所以他們需要有木乃伊肖像作為鮮明的標誌，幫助他們找到自己。

可那些沒錢的窮人們，死的時候草率埋葬，根本就沒有留下屍體，怎麼回到他們原來的肉身呢？

帝王谷的其它墓穴，買一張門票，可以選三處地點參觀。

真要感謝我媽媽在我小時候為我養成事先做好功課的習慣，臨來之前，我在孩子們的國際學校借了一大堆埃及的圖書，及時地「惡補」有關古埃及的一些必要的知識，所以我現在能夠像個歷史權威一樣站在老公和孩子們面前，以「專家」的口吻告訴他們，最有參觀價值的三個首選墓室，是圖特摩斯三世、西蒂一世，和拉美西斯六世。

希望它們有「料」可看。

可誰又知道呢？站在大山面前向深處望去，一個個幽暗的小黑洞口神秘莫測地散布在天然陡坡上，看起來全部大同小異，運氣好的話會看到很精彩的墓室，運氣不好的話也可能相當失望。

　　就像我們剛剛領教過的圖坦卡門的墓室。

　　圖特摩斯三世的陵墓，第34號。

　　他就是那位登基後，立即將前任的名字和事記從建築物上銷毀的年輕法老，他十分不喜歡坐在自己身後垂簾聽政的繼母，因此當她去世以後，他掌權那天做的第一件事，自然是不遺餘力地消滅她在世時的影響力。除此以外，他也算得上是一個埃及歷史上相當偉大的統治者。

　　比如，就個人品德來說，他勇敢堅毅，在困難面前從不退卻，他擅長騎馬射箭，年紀尚幼時，已顯示出卓越的技藝。從治國的角度，他有清醒的頭腦，仲裁公道，懂得韜略，善於籠絡身邊的智賢。

　　以軍事家的身份，他可以與法國的拿破崙媲美，也似乎與中國的孫武早有神交。當鄰國的王子們串聯一氣，在邊境募集了強大的軍隊陣營，試圖以迅雷不及掩耳之勢將他新登基的王國毀於一旦時，他誘敵深入，再狠狠反撲，不僅擊潰眾敵，還順便將領土擴張到小亞細亞。

　　這樣一位顯赫的君主，他的墓室也一定是氣勢非凡的，我這樣想。

　　事實也果真如此。

　　從山腳到圖特摩斯三世的墓室，並不是一件容易的事，因為它建在離地面三十公尺、直上直下的斷崖上，頗有點「蜀道難，難於上青天」的感覺。

　　我不知道古時候的人們是怎樣爬上去的，想必盜墓者們個個都有身懷飛簷走壁的絕技。我也相信，為了填補人性中貪婪欲望的深洞，有不少人已經摔死在這斷崖下了。

　　如今，為了遊客們的方便，修了一段金屬架搭成的長梯，可以從地面攀登上去，但這一項，就令大人孩子覺得十分好玩。

　　然而，當我們嘻嘻哈哈地爬上墓穴，進入洞口之後，卻驚訝地發現，裡面空空如也。

　　What wishful thinking!

　　多麼不可救藥的固執，為什麼我們非以為會在法老的墓室裡看得到過去的珍奇不可，這真是痴人做夢。想想看，三十多個世紀以來，無數的黑道高手早就算計過皇陵裡的寶物了，怎麼可能會留到現在？

　　說實在的，那滿室洞穴的壁畫沒有被人一寸一寸地揭走，已經算是我們後世人的福氣了。當然，還有那奇特的墓室構築格局，也是搬不動移不走的東西，留下來供一代代的人們搓手感嘆。

　　據考古學家們的權威意見，大約有五百座古墓隱藏在底比斯群山裡，其中有六十四座正式列入埃及文物局的註冊簿，而真正讓人感興趣的只有十幾座。 我是說，在無數次被竊賊洗劫之後，評判一座陵墓好壞的標準也只剩下裡面的布局和壁畫了。

　　通常，墓穴的洞口都是與周圍的景物溶為一體的，不細心尋找，很可能注意不到它們。沿著洞口進去，立即便是一段坡度很陡的窄小甬道，對我來說，稍稍低點頭就能過去了，而對我先生和我兒子來說，一百八十幾公分的個頭，不僅彎腰，還要曲膝，才能往前行走。

　　大一些的墓穴要通過三段這樣的甬道，每一段甬道的終端是一個

或幾個廳室，最後的廳室是放石棺的地方。大多數的甬道和廳室的牆壁都裝飾有壁畫和象形文字，圖特摩斯三世的墓室的前廳竟然刻有七百多個神的名字，難怪人們對他刮目相待，他原來與眾神如此熟悉。

可惜的是，神的保佑仍舊沒能使他的陵墓免遭盜匪們的光顧，我不知道圖特摩斯三世在天之靈，對自己死後的安身之地不斷地受到騷擾有什麼感想，我敢肯定的是，像他這樣一位歷史上擁有豐功偉績的法老，死後的陪葬想必囊括了世間最好的珍奇異寶。

所以難怪他的陵墓自然被各式各樣的目光密切關注。

相信報應的人們，也可以假定，他對他繼母死後不近人情的銷毀遺跡，與他自己死後反覆遭到洗劫，他的木乃伊被人斷頭斷臂斷腿又斷腳，有著絲絲縷縷的因果關係。

在某種冥冥之中？

西蒂一世的陵墓，第17號。

是帝王谷中最大的一座陵墓。

從洞口入內，經由狹窄的甬道到達終點，垂直下降的距離是十五公尺，水平距離是二百一十公尺，整個堅硬的花崗岩石洞宛若堂皇的地下宮殿，四周壁畫精美華麗，令人目不暇給。

特別是放置石棺的最後一間廳室，大片的天花板上洋洋灑灑地鋪滿了迷人的彩繪，真是了不起的奇景，我不禁低聲對我先生說，「若是能把它照下來，該有多好！」

「你想照相嗎？」陵墓門口的守門員不知什麼時候跟我們進來

了，並悄悄站在我們身邊。

我不知道他是什麼意思，遲疑地看著他。

他小心地左右環顧一下，確定室內只剩我們一家人，便說，「你可以照幾張像，不過要快一點。」

我一聽，立即就要掏出背包裡的相機，我先生卻不由分說地將我攔住了。

我馬上懂了我先生的意思，不禁滿臉通紅。

那埃及人見狀，聳了聳肩膀，並無所謂，轉身要走，我先生又叫住了他，「謝謝你，我們不打算照相，不過你能不能給我們講點這個陵墓的事呢？我們聽說在這裡發現了很多具木乃伊。」

我很佩服我先生那一套不露痕跡地替人解圍的方式，也知道自己永遠學不來他那種與生俱來的自我道德約束力。我知道在博物館和古墓不准拍照的規定，到處都貼著這樣的小標語，我也知道十字路口的紅燈，意思是停下來讓其它路口的車輛先走，哪怕是半夜時分，我更知道在公園裡「不要踐踏草坪」的綠地上豎立的牌子，是警告大家別為了抄近路而貿然踩過去。可我就是忍不住在各種情況下在無人監視的時候，我行我素，鑽鑽漏洞。

看來我們在各自成長環境所受到的道德影響，注定使我們的潛意識留下了不可磨滅的痕跡。

而那個埃及人呢，他那樣做，無非是為自己掙得一份額外的小費，也是生活所迫無可奈何的。他清清嗓子，挺有興致地告訴我們，西蒂一世的陵墓在當初被挖掘時，不止挖出了這位法老的木乃伊，還驚人地同時發現了另外幾十具木乃伊，層層疊疊地堆放在一起。後

來，經過考古學家們的鑒定，證實了其中有西蒂一世的兒子、拉美西斯一世、拉美西斯二世，以及其它朝代法老們的屍首。據推測，是近代的祭司爲了防止盜墓的竊賊們毀壞法老們的木乃伊，不得不將他們從各自的陵室搬過來集中在西蒂一世的墓內，以便統一照看。

後來，埃及博物館建成以後，木乃伊們便被送往博物館保存。後來，所有的木乃伊在博物館平安無事地居住下來，只有拉美西斯二世的木乃伊不知什麼原因，感染上了眞菌，眼看著一天天腐爛下去。後來，經過埃及政府和法國政府的協商，拉美西斯二世的木乃伊被抬上專機，送往法國接受放射治療。

這件事一下子轟動了全世界，拉美西斯二世在法國機場受到了紅地毯儀式的隆重歡迎，就像一位活著的國王一樣，他還頃刻之間擁有了好幾個「世界第一」：

他是世界上第一位有死人護照的法老，職業欄上寫著：國王（已故）；他是世界上第一位死人受到國賓級待遇；他是世界上第一位死人受到醫生治療，數百名一流的專家集體會診，最終使這具木乃伊健康地返回埃及。

不知道這幾個世界第一是不是載入了金氏世界紀錄大全？

陵墓守門員的調侃令我們開心地笑了起來，我先生給了他一筆不錯的小費，他高興地走開了。

說到拉美西斯二世，我先生忍不住想加上一些更多的溢美之詞，稱他是埃及歷史上最偉大的法老，因爲沿著尼羅河兩岸隨地可見到處都是他的雕像和廟宇，比如說，Abu Simbel神廟、卡納克神廟，以及底比斯西岸Ramasseum祭廟裡他本人與希泰人簽訂的盟約《銀板之約》

……。

我卻不捧場，打斷他說，那是拉美西斯二世的好大喜功，他顯然深諳協議的效益，也是外國人的膚淺，看到建築物上塗滿了他那「太陽神上下埃及之王」的文字，便以為他在埃及眾多法老中是個多麼了不起的人物。

我知道我自己喜歡爭辯，還常常自以為是，即使明明知道這個毛病很不與人為善，可就是改不了，可能是存心的。幸虧我先生是一個最不計較的人，見我說話橫衝直闖，馬上舉起雙手，掛出免戰牌。

「好，好，拉美西斯二世是個最虛榮的人，要不是當年他在埃及恬不知恥地為自己樹碑立，建造了那麼多的廟宇和宮殿，如今也不會從世界上招來一批又一批的遊客，他真是——照你們中國人的話來說——罪該萬死。」我先生開始正話反說。

我當然知道他話裡面的意思，便對他做了個法國式的聳肩動作，表示不屑，心裡卻承認他說的是事實。要不是拉美西斯二世的自我炫耀，埃及著名古建築的數量恐怕至少要減少一半，他在每一塊花崗岩石頭上刻上他那輪廓鮮明的頭像和名字的同時，也無意顯示出眾多工匠們的精湛技藝，保留了那個時代歷史的寶貴紀錄，就像拿破崙的凱旋門、君士坦丁皇帝的聖彼得大教堂、哥倫布的紀念碑、泰姬瑪哈的陵墓……。

這位統治十九王朝達六十六年之久的法老，平安一世，擁有四位妻子，二百多位妃子，和二百多位王子公主，快快樂樂地享受了人間所有的富貴，直至西元前1237年的一百歲高齡，才壽終正寢。

終身無憾。

拉美西斯六世的陵墓，第九號。

拉美西斯的祖業傳到第六世法老時，已經走下坡，但這並不防礙這位法老學著祖先們的榜樣，大肆鋪張地修建自己的陵墓。

走進拉美西斯六世的墓室，最令人感動的，便是它那些迷人的穹頂，鋪滿了美侖美奐的彩色繪畫。說它們是彩色的，又似乎不大確切，因為絕大部分基調實際上是墨藍色的，好像真正的夜空一樣，廣袤而又深坳。絲絲縷縷的鵝黃線條靈巧地勾畫出神鬼人物和象形文字，間隔之中點綴著些許橘紅，些許淺藍，於凝重中透出華美。

看得出，古埃及人很喜歡用圖案裝飾自己的墓室，大概是為了死後獨居時不至於太寂寞，隨時能夠看到生前的許多快樂記憶，使地底下昏黯的日子平添一些樂趣。

在這些繪畫中，反覆出現人神合一的不同形象，男子多半具有寬闊的肩膀，狹小結實的臀部，上面繫著白色亞麻布褶疊的短裙，據說地位越高的男人裙子越短，平民和奴僕則穿著垂地的長袍。而在史前時代，男子們日常生活中只戴一個陰莖護套，不是為了遮羞，倒是為了捍衛命根子，打獵時，後面加上一條長尾巴，以便混淆其它動物的視覺，有利於渾水摸魚。

女人們卻與男人們相反。

地位越高的王室貴族，裙子穿得越長，有點像我們今天女孩們穿的時尚吊帶裙，緊緊地裹在身上，飽滿的乳房和小巧的乳頭大大方方地展示出來。地位低下的婦女和女仆統統穿著短裙，使得勞作時行走

方便。

不論是窮人還是富人，所有的女子都形體優美，面貌秀麗。她們全都有修長的手臂，細窄的腰肢，橢圓的肚臍在薄如蟬翼的衣衫裡隱約顯現，小腹平滑而又性感。

絕對的「巧笑倩兮，美目盼兮。」

我真不懂埃及人在衣著上是怎麼進化的，比較今天在埃及街頭看到那些用寬大的黑袍將自己從頭到腳包裹起來的婦人們，古代女子似乎更懂得欣賞和炫耀造物主賜與她們的美好身體，她們顯然活得更自由更開放，至少，從陵墓上的壁畫中可以感受到她們無拘無束的活潑神態。

就連女神穆特，這位古埃及眾神中被奉爲上蒼母親的生育之神，在拉美西斯六世的墓室穹頂壁畫上，都坦然地裸露著自己修長的酮體，優雅地伸展四肢，怡然庇護著大地上踟躕而行的眾生。

我還注意到，她濃密的長髮整齊地攏在腦後，而不是散在前胸半遮半掩，不像現在大多數電影裡的女人們裝腔作勢。

不過一開始的時候，我的眼睛並不習慣古埃及繪畫的表現方式，總覺得有什麼地方不大對頭，端詳來端詳去才明白過來，原來是他們的畫法與我自己原來固有的欣賞習慣很不一樣，比較隨心所欲，比較更注重視覺的效果。比如說女人可以精緻到坐在男人的食指上，飛鳥比公牛還要巨大威武，像樓梯一樣直接疊疊起來的帆船，被擊敗的兵士小如螻蟻，公狼和母鹿愉快地交配……。

隨後，當習慣了這種方式，我倒漸漸地享受埃及壁畫上濃厚的裝飾效果。

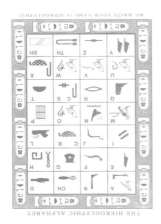

我也很喜歡古埃及的象形文字，並且試圖解讀它們，不過很快便放棄了。那些單個看來意義明確的圖畫，串成一個個句子便讓人陷入迷霧之中。它們在法老的陵墓裡幾乎無所不在，有時占據整塊牆壁，有時穿插在圖畫之中，有點類似我們中國畫的「題跋」，事實上，這些已有五千年歷史的古老文字，的確為逝去的歲月紀錄了不少東西。

可惜，千百年來，沒有人能夠懂得它們，直到1799年，法國古文學者吉恩-保羅 · 商博良（Jean-Francois Champollion）和英國物理學家湯瑪斯 · 讓（Thomas Joung），先後破譯了一塊出土的黑石碑，在那石碑上，同時刻有三種文字：象形文字、希臘文、後期埃及文字，借助後兩種文字，他們終於猜測出了象形文字的含義。

相比之下，法老們的名字便容易解讀得多，寥寥幾個字，出不了歌功頌德的範圍。它們也很好辨認，通常都有黑框圈起來，據說是防備邪惡之物趁隙而入。

說到名字，古埃及人可是相當重視，他們認為名字不能只昭示出人的性情、人品、理想、願望等單方面因素，必須是一個完整的綜合體。比如說，法老阿蒙荷太普（Amenhotep）他的名字是由一枝花莖（代表生命）、一段運河（代表長久不息）、一個門閂（代表安全）、一片沼澤（代表滋潤）、一條麵包（代表富足）、一件工具（代表勞作）

所組成，每一個象形文字寄托了他的父親對他的全部心願。法老阿蒙荷太普的父親在位時，曾經飽受鄰敵騷擾，因此他希望兒子生命力旺盛，性情寬厚，家事平安，國事富強，百姓們人人有工作，人人有麵包，帝國統治千秋萬代源遠流長。

此外，古埃及歷史上兩位著名的王后，法老拉美西斯二世的妻子（Nefertari）和法老阿肯那頓的妻子Nefertiti，她們的名字也相當意味深長。「nefer」的意思是「美人」，其中的象形文字包括一支風笛、一條蛇和一張微笑的嘴。我想那裡面的意思大概是，會吹風笛的女人多數都風情浪漫，她們有蛇一樣的嫵媚狡詰，觸角敏感細膩，同時善於用笑容達到自己的目的。這樣的女子，征服男人通常都會無往而不勝。

特別是Nefertiti，她本人就像她的名字「一個美人正在走來」那樣，美得令人過目不忘。我見過她的雕像，據說是三千二百年前的藝術家為她塑造的，西方人稱她是「stunningly beautiful」，真品陳列在埃及博物館，贗品充斥在埃及的大街小巷。

我受到名人效益的影響，也不能免俗地後來在禮品部買了一個，拿在手裡端詳，承認這確實是一張無懈可擊的面孔。標緻的臉龐，端莊的鼻子，明眸皓齒，雙頰秀麗，禮品店的小姐信誓旦旦地說，這面孔是直接從死去的王后頭上翻版刻印的，絕對與真人一模一樣，我聽後嚇了一跳，差點沒把雕像從手裡掉到地上。

我先生趕緊把它從我手中接過去，說正好放在他辦公室的書架上，看來，男人們永遠難以抗拒美人的魅力，古今中外沒有例外。

從帝王谷出來，太陽正在西沉。

　　遠近山巒披上了淡淡的餘輝，夜晚即將來臨，我猜想在那些深谷之中很可能還有不少隱蔽的古老陵墓，寂寞的幽靈會不會在暮色的掩護下悄悄出來游蕩……？

5　Camel Riding & Dreams Of The Sahara

去撒哈拉騎駱駝

清晨照例又被阿訇洪亮的召喚聲叫醒。

這是我們在盧卡索的第三天，如果繼續住上一個星期的話，我相信我的生理時鐘會被訓練在早上五點鐘準時自動活躍起來，說不定還會趁我迷迷糊糊的時候，慫恿我一骨碌從床上爬起來，朝著麥加的方向，連拜三次。

環境往往具有巨大的潛移默化的作用。

有人在敲門。

從那種熟悉的節奏中，我們猜出來是睡在隔壁房間的兩個孩子們，顯然也被阿訇的呼喊吵醒了，不肯再睡，並且還想把我們也從床上拽起來。

「好吧，誰讓我們昨天晚上提前告訴他們了呢，這就叫做自作自受。」他極不情願地嘟嘟囔囔地起身開了門。

是的，我們昨天晚飯後決定，今天去撒哈拉騎駱駝，算是對孩子們這幾天跟我們在博物館和神廟之間四處奔波的補償和獎勵。我們忍

不住提前告訴了他們，這使他們一大早就急不可耐的跑到我們的房間裡來了。

我記得小的時候，我媽媽幾乎每個星期都得帶我去北京城不同的博物館美術館轉一轉，她手裡不知道爲什麼永遠有各式各樣的贈券。

我最不喜歡的便是這樣的外出活動，我媽媽稱之爲「接受藝術薰陶」，我稱之爲「身心備受煎熬」。那些沉默寡言的陶瓷和色彩斑斕的畫面總是讓我感到口渴，並找出種種藉口要溜到小賣部去。相比之下，逛老東安市場和去兒童電影院要有趣的多。可我媽媽卻固執地相信，藝術的修養，必須從小時候開始，才能受益終生。

我最終也明白了這點，只是在二十年以後。

當我後來獨自生活，在家居布置和穿衣購物的品味上，時不時被朋友們誇獎幾句時，我才意識到，正是在我嘬著嘴皺著眉，極不情願地被我媽媽拖著穿越油畫雕塑展覽大廳時，藝術之光已在不經意間悄悄潛入我的心裡。

我得承認，假如我小時候沒有這樣一位百折不撓的母親，給了我許多「填鴨」似的藝術和文學的滋潤，我今天恐怕過的是另一種比較乾燥蒼白的乏味生活。

因此，當我自己做了媽媽以後，

我也步我媽媽的後塵，不遺餘力地利用一切機會，為我的兩個孩子進行「藝術啓蒙」。特別是到了歐洲以後，每一個假期，我們都安排外出旅遊，去德國的克隆教堂，去法國的盧瓦鄉村，去盧森堡的城市公園，去比利時的布魯士古鎮，去奧地利的薩爾斯堡……，伴隨著他們兩個無休無止的抱怨。

這抱怨有一天會變成感激。

捫心自問，我們其實還眞不是那種總是一本正經的父母，偶爾，我們也為孩子們，和我們自己找點樂子。

比如說，今天去沙漠裡騎駱駝。

當我們昨天晚上告訴孩子們在盧卡索的最後一天不去任何博物館美術館，而是去騎駱駝時，他們立刻高興得跳了起來。

我相信，我先生也為這主意激動得暈頭轉向，只不過在孩子們面前依舊裝出一副長大成人的樣子而已。

在酒店吃過早飯，我們便匆匆出了門。

沒走出幾步，便又被埋伏在外面的長袍埃及人圍攻上來，我們之間已經相當熟悉了彼此的面孔，他們也知道我們昨天去帝王谷時已經拒絕了乘坐私人船艇，而是選擇了國營的輪渡，卻仍舊契而不捨地「游說」我們，「先生，坐船嗎？」「先生，要遊艇嗎？」「先生，去香蕉島嗎？」

「不去！」我先生一口氣說出了一串。

可他們依舊揮之不去。

　　無奈，我們只好像前兩天那樣，埋頭大步前進，假裝身後的追隨者們並不存在。

　　一路上，也看到其他外國遊客被小販們糾纏追逐，其狼狽的樣子令人又好笑又好氣。

　　到沙漠裡騎駱駝，也得要從東岸過河，因為撒哈拉是在尼羅河的西面。

　　撒哈拉沙漠。

　　這個我從青年時代起就從三毛的小說裡讀過無數次的陸地奇觀，一直是我夢寐以求希望親眼目睹的地方。

　　人人都知道它是世界上第一大沙漠。

　　到底有多大？

　　九百二十萬平方公里。

　　九百二十萬平方公里到底有多大？我仍不能確定，我一向對數字缺乏概念。不過，若是告訴我，它的面積相當於整個美國國土，在我腦海中，便會馬上清楚地顯示出平面地圖上美國面積龐大的身軀。

　　不僅如此，它還不是靜止的，據說撒哈拉沙漠每分鐘都在以四個足球場的速度不停地向外擴張。這是不是意味著，有那麼一天，整個非洲將要被沙子淹沒？

　　沙漠化的現象越來越引起人們的關注，誰都不願意某一天早上起來，看到窗外鋪天蓋地堵滿了黃澄澄四處流動的沙子。可最接近這種危險的非洲人，卻絲毫不在意。

他們每時每日每年不斷地用各種方法「營造」出「農地」，使那些原本曾長著稀疏的樹木和草地的地方，爲了成爲不可能成爲的農田，被肆意砍伐修整。土地像被剝掉了衣服那樣，裸露在狂風和雨水的侵蝕之下，日漸貧瘠，最後只好退化成了牧場。黑人們的可憐的瘦骨伶仃的羊兒啃吃短小的根莖，當最後一根稻草也被消滅乾淨時，土地完全荒蕪了，風暴趁機捲入，「農地」淪爲沙漠。

儘管這個過程要經過相當長的一段時間，但是沒人願意地球會變成那樣，人們居住的空間已經實際上日益縮小，而且將會變得更加擁擠不堪。

不過，此時此刻，當我們的渡輪漸漸向尼羅河西岸靠攏時，遠遠的沙漠景象看上去平靜而且友善，在漫漫的天際線的邊緣自由自在地舒展。

我們剛一上岸，便又被兜攬生意的人們包圍了，他們爭先恐後地喊著，「先生，帝王谷。」「先生，計程車。」

當我們告訴他們，我們今天不去帝王谷，不坐計程車，而是要去沙漠騎駱駝時，他們又馬上改口，「先生，我有駱駝。」「先生，我可以帶你們去撒哈拉。」

怎麼回事，這些人怎麼什麼都有，又是計程車，又是駱駝，難道他們個個既開牧場又開車行嗎？

或許，他們不過是些捎客？

還眞讓我們猜對了，當我們跟著其中的一個人，由他將我們帶到

附近樹蔭底下一群駱駝跟前時，很容易地發現，他並不是駱駝的主人，而是能用阿拉伯語與駱駝的主人交涉，又能用英語與我們溝通的「掮客」。

我們就這樣被他轉手送到那些或者有車或者有船或者有駱駝的當地人手裡，使他輕易地賺上一筆小費。

語言優勢隨時隨地可以成為謀生的手段，發展中國家和已開發國家同樣如此。

我們像聾子一樣站在用阿拉伯語熱烈討論的埃及人面前，然後聽到「二道販子」對我們說，「你們想去撒哈拉騎駱駝，那裡恐怕不太安全。」

「什麼意思？」我先生問。

「這個，前不久發生過綁架事件。」他說。

我隱隱約約記得，好像是有這回事。一群外國遊客進入撒哈拉沙漠以後再也沒有回來。不知道是被沙漠的高溫和沙塵暴困在裡面了？還是被什麼恐怖組織綁架了？

「對，你提醒了我，」我對那埃及人說，「那些遊客真的是被人綁架了嗎？你知道後來怎麼樣了？」

「聽說恐怖分子要贖金，但是被國際組織拒絕了，怕的是以後每一個到撒哈拉的遊客都成為詐錢的目標。」那二道販子顯然讀書看報，懂得不少。

「那些人質死了嗎？」我兒子立即關注起來。

「有些挺幸運，被放了出來。」他含含糊糊地說。

「這麼說，還是有人死了，我不想去撒哈拉沙漠了，就在附近騎

騎駱駝吧。」我兒子很會審時度勢。

「我也不要去沙漠騎駱駝。」我的小女兒馬上隨聲附和著，她也不願意做人質。

我和我先生互相看了一眼，既然如此，大家都不想冒風險，那就在附近的鄉村騎著駱駝轉一轉好了。

我覺得有點說不出的遺憾，眼看近在咫尺的撒哈拉沙漠就這樣無奈地錯過了。那裡面有1850年德國探險家巴爾斯在岩壁上發現的鴕鳥石刻，那裡面有1933年法國騎兵隊在高原看到的延綿數里的壁畫群，那裡有每分每秒都在起伏變幻的的沙海波浪，那裡有比貓還小的Fennec狐狸和比狐狸還大的Sand貓，那裡有銀色根莖的一叢叢罕有植被……，當然，和自己的性命相比，這些都可以暫時放棄。

活著便會還有機會。

「好吧，我們就在附近的鄉村轉轉吧。」我先生對他們說，「我們需要四隻駱駝，多少錢？」

埃及人隨即又熱烈地討論起來。

「二百五十埃鎊。」二道販子用英語告訴我們。

不知道他是不是悄悄把他的那份錢也加了進去？不管如何，本著旅遊書上建議我們砍價一半的原則，我先生說，「一百二十埃鎊，四個人，一共一百二十埃鎊。」說完，還把眼光瞟到另外一片樹蔭底下的駱駝群裡。

二道販子挺聰明，想了想，說：「好吧。」他大概看得出我們不容易糊弄，也不想雞飛蛋打，便決定不再浪費口舌。

駱駝的主人選出四隻看上去健壯快活的駱駝，向牠們發出一連串

嘰哩咕嚕的「咒語」，那幾隻駱駝便紛紛馴服地趴了下來，他隨即向我們打了個手勢，意思是我們可以騎上去了。

　　我先生個子最高，腿也長，自然首先為我們做示範。只見他腿微微一抬，便側身穩穩當當地坐在了駝峰後面的坐墊上，剛要對我們得意地一笑，沒想到那駱駝迅速地抬起了兩隻後腿，差點沒把我先生從前面掀了出去，嚇得他驚慌地大叫了一聲。

　　也把我們全都嚇了一大跳，只有旁邊圍觀的埃及小孩子們吃吃地笑個不停，大概是為他的笨手笨腳感到十分好玩。

　　隨即，那駱駝的兩隻前腿也站了起來，我先生又差點來了個後仰翻，這一次，連我們也忍不住笑了起來。

　　看來，表面上溫順的駱駝，還很會暗中捉弄人的。

駱駝市集

駱駝隊

　　我於是小心翼翼地先用手抓住駝峰邊上的木樁，再把腿迅速地跨上去，匍匐著上半身，以防駱駝的突然站起，即使這樣，我還是被駱駝的驟然起身動作嚇得哇哇大叫。

　　我們的兩個孩子，卻一點麻煩也沒有，他們縱身往駱駝身上一跳，隨著駱駝起身的動作前仰後合地晃動了一下，便穩穩地坐在了駱駝背上，順勢還向我們擠了擠眼睛。

　　真是後生可畏。

　　周圍的小孩子高興地鼓起掌來。

　　駱駝的主人在孩子群裡吆喝了一聲，便有四個孩子站了出來，一人牽著一隻駱駝，朝前面的土路，一個接一個地走了過去。

　　喂，怎麼回事？沒有大人跟著我們嗎？

　　那駱駝的主人不慌不忙地重新回到樹蔭下，沒事兒人一樣，就地坐了下來，繼續照看著剩下來的駱駝，或者是，等著下一波遊客過來。

　　我有點驚慌起來，看著那四個孩子，最大的也就十四歲，最小的不過九歲，他們行嗎？

　　我先生回頭看看那一片漸行漸遠的樹蔭，也只好安慰我，鄉村的孩子從小就得為家裡幹活，說不定他們幹這個行當已經很多年了呢。

　　他的話沒錯，那領頭的孩子看起來雖然年齡不大，但是相當老成，簡短的幾句話，便把我們這支小小的駱駝隊伍安排得井然有序，他牽著我先生的駱駝走在最前面，兩個稍矮一點的孩子分別牽著我們的兩個孩子騎的駱駝夾在隊伍中間，最小的孩子牽著我的駱駝走在最後，朝著不遠處的村莊，輕車熟路地走去。這一下，我心裡踏實了一些，至少，我和我先生能夠前後照應，讓我有了一份安全感。於是漸漸地，隨著駱駝不緊不慢的搖晃，開始覺得周圍的一切越來越有趣了。

　　尼羅河套的景色真是令人不可思議。

　　河水所及，滿目一片郁郁蔥蔥，青翠的甘蔗田，豐饒的蔬菜地，

白色乾打壘的農舍，裊裊升起的炊煙，一派蓬勃的人間生氣。

　　河水的邊緣以外，卻是連一根草都不長的土黃色的亂石坡，光禿禿地連接著山腳，群山起伏的背後，便是無邊無際的撒哈拉沙漠。

　　生命的界限竟是這樣分明，這樣武斷。

　　為我牽駱駝的孩子，年齡最小，大概也就九歲左右，赤著腳，他們全都赤著腳，無所顧忌地踩在土路上，看著讓人心痛。

　　那男孩子穿著一件髒得看不出顏色的長袍，纏著顏色同樣曖昧的頭巾，走一段路便時不時地回頭瞟我一眼，我起初沒有在意，只向他笑笑，後來我漸漸意識到，他是想讓我注意他，果然，當他再一次回過頭時，先是向前面的隊伍緊張地張望一下，旋即突然對我輕聲說出，「One Euro。」

　　我一下子便明白了，我把手指放在嘴上「噓」了一聲，從口袋裡摸出一個歐元的硬幣，悄悄俯身遞給他，他高興地親了一下硬幣，小心地放進袍子裡，給了我一個燦爛的笑容。

　　這個機靈的小家伙，他竟然知道世界貨幣目前的行情，一個歐元如今值過一個美元，他了解得挺清楚。

　　他怎麼認定我錢包裡帶的是歐元呢？

　　我下意識地把手放在腰間的錢包上，環顧四周，突然有了一種莫名的恐懼感。

　　我們這支小小的駱駝隊，此時正穿越一條窄窄的田間小路，兩側是一人多高的茂密的甘蔗田，前後不見人影，只有不知名的蟲子躲在

土埂裡鳴叫。

這可是「十面埋伏」的好地方。

不需要多少人手，只要那麼兩個人，一前一後地從莊稼地裡鑽出來，就可以在幾秒鐘內將我們全部繳械。我的頭皮開始一陣陣發麻，想到這裡，我開始覺得騎駱駝不再是一件好玩的事，非但不好玩，而且還危機四伏！

我這樣想著，便不由得脫口叫住了領頭的那位孩子，問他我們是不是該往回走了。

他有些不解地望著我，說前面不遠就是村子，也就是我們的目的地，我們去那兒休息一會兒，就往回走。

我望著他清澈無邪的眼睛，開始懷疑自己是不是過於疑神疑鬼，於是不好意思地說，「好吧。」

繼續趕路。

進了村莊，周圍依舊十分安靜，只看到一些雞在地上啄食，和幾隻孤獨的山羊四處懶散地溜達，還是沒有人影。

領頭的孩子將我們熟門熟路地帶到一間農舍前，說這是他的朋友的家，我們可以進去坐一坐，接著便吆喝那幾隻駱駝臥下來。

還沒等我們反應過來，駱駝們立即彎曲了前腿，迅速地跪在了地上，這一蹲一跪，又差點把我們從駱駝背上搖下來，人人出了一身冷汗。

可真不是好玩的。

看別人騎駱駝挺輕鬆的，可一旦自己試試，才發現不是那麼回事。

我們隨著領頭的孩子，他的名字叫阿里，走進他朋友的院子，一進大門，便是正屋，裡面挺乾淨，因為家徒四壁，除了一張桌子兩張床，什麼也沒有，看不出到底是客廳還是臥室。

床上沒有被褥床單，只鋪了一個半舊的席子，硬硬的，堆著兩個看上去同樣不舒服的枕頭。

阿里說了一聲「請坐」，便撇下我們走了出去。

我們的孩子表情茫然地看著我們，不知道該「請坐」在哪裡，我沿著床邊坐了下來，他們才遲遲疑疑地緊挨著我坐下來了。

過了好一會兒，卻不見有人出來打招呼，另外那三個牽駱駝的孩子早在一進院子的時候就失去了蹤影。我不禁又胡思亂想起來，要是

放學路上的穆斯林小女孩

有人從外面進來將我們甕中捉鱉，可比在剛才的路上更加乾淨利落。

　　我必須要「上廁所」，我對我先生和孩子們說。

　　他們卻馬上也站了起來，說他們也要「上廁所」，看來是大家心裡都有點六神無主。

　　我們走出屋子，聽到院子裡有人說話，便循著聲音走過去，立刻便看到阿里和另外三個孩子，以及那戶人家的女人和她的兩個女兒，一群人正忙著劈柴燒火，在院子裡架起的一個爐灶上，為我們準備熱水。

　　我頓時為自己的胡亂猜疑感到慚愧，趕緊上前去與那女主人和她的兩個孩子打招呼，並表示我們只坐一會兒，不要為此添麻煩。

　　那女人十分羞澀，用阿拉伯語小聲飛快地說了些什麼，阿里告訴我們，她說給我們沏一些茶，再烤幾個饢。是吃午飯的時間了。

　　烤幾個饢？我的鼻子隱隱約約地真的飄進了餅的香味，啊哈，現烤現吃的饢，我感到胃裡立刻飢腸轆轆，顧不上客氣，忙問那女主人，饢在哪裡？

女主人往小土堆一樣高高隆起的爐灶中部一指，我才看到，那兒有一個用石頭堵著的洞口，從裡面正不斷冒出一股股熱氣。

　　原來這就是埃及人烤饢的方式。

焦黃噴香的圓餅

　　這簡直是太有意思了。

　　我第一次看到這種被稱為baladi的埃及扁平圓餅還是在開羅的街頭上，一個騎腳踏車的男青年，單手扶把，另一只手擎著頂在頭上的大型笿籮，裡面堆著小山一樣高的圓餅，敏捷地穿行在喧鬧的街道上。

　　聽說埃及人一日三餐都離不開它，早上一只baladi， 中午一只baladi，下午喝茶時加一只baladi，晚上正餐時再吃幾只baladi。因為它是兩層的，側面分開後，就像一個信封，很容易加進不同的佐菜：切碎的番茄拌洋蔥末、薄薄的烤肉片、生菜配西芹、酸乳酪黃瓜片、油炸豆子餅……，像是往信封裡面塞進不同的花花綠綠的紙張一樣，十分方便。以至人們隨時隨刻地吃，吃到平均每人每日消耗三磅之多，最後不得不從外國進口大量麵粉，政府還得為此項支出補貼很多錢。

　　我們一直都是在酒店吃飯，還沒來得及嚐到這種埃及人「須臾不

可不無」的食物，此刻看著眼前正在烘烤的圓餅，可以想像我們垂涎欲滴的樣子。

所以，當女主人用一個小鐵鏟將灶塘裡的焦黃噴香的圓餅鏟出來時，我都顧不得燙手，迫不及待地接過來，翻來覆去地在手裡折騰了幾番，便送到嘴邊大嚼起來。

唔，味道棒極了！新鮮的麵粉加上些許蜂蜜和清水調製出來的麵團，經過慢火烤熟的簡單美味，真是一項奇異的享受！怪不得當埃及政府迫於進口稅，想在這道大眾美食上調高價格時，遭到全體人民的強烈反對，如果埃及人們上街遊行的話，我也說不定會加入他們的隊伍。

吃飽了肚子之後，這一次我可是真要上廁所了。我問了女主人，廁所在哪兒？她向院子的角落一指，我便明白，大概就是像我們中國農村一樣的家庭露天廁所。

我循著氣味，很容易地找到了廁所，不出我所料，全世界的簡易露天廁所都是大同小異的。一個人工挖出來的深坑，兩塊搭在上面的木板，站在上面就地一蹲，就解決問題了。

我想，我們家的另外三位一定不知道怎樣對付這種露天廁所的，讓他們蹲採在兩塊架空的木板上，就會使他們身體僵硬、心驚膽戰，其次，腳下的深坑裡的混合物更會讓他們立刻噁心得昏暈過去。他們情願在野外的樹叢裡方便，也萬萬不會走進這樣的「廁所」。

我從容地上完廁所，為自己在各種環境裡都能生存的本事而沾沾

自喜。

重新回到正屋，女主人已經將茶水備好，一個圓形的托盤，幾只泡好茶水的玻璃杯，和一罐白砂糖。

都說埃及的紅茶酸酸甜甜的，很有味道，可是我已經很久就習慣了喝茶時不放糖，即使是喝濃郁的英國奶茶，所以就直接端起了杯子，送到嘴邊。

就在那一剎那，我忽然想到，這水是從哪裡來的？剛才在院子裡的時候，沒有記得看到自來水的龍頭，這水是不是從門外的小河裡打上來的？

我不由得想起，騎駱駝時，曾看到河邊吃草的山羊一邊啃草根一邊撒尿，那縷縷的黃色液體就順著地表，彎彎曲曲地流到小河裡。我還記性突然好的不得了地想起了三毛的日記，她說埃及婦女們在小河裡洗澡時，用小石塊將自己身上的黑泥一道一道地刮下來，然後再將整個身子泡在水裡……，我的胃裡頓時翻騰起來。

我的先生和孩子們幹脆不打算喝水，他們向女主人一面道謝，一面擺手說他們不渴。我相信他們沒有看過三毛的小說，但卻很可能看到了往河裡尿尿的山羊，他們一定正和我轉著同樣的念頭。

我遲疑了一下，看著女主人盯著我的眼神，突然發覺了大家都在看著我，頓時湧起一股捨身取義的激情，懷著我不下地獄誰下地獄的凜然，瞪了我先生和孩子們一眼，把茶水緩緩地喝了進去。

那舌尖上的感覺既不酸也不甜，也沒有什麼尿液和汗液的味道，

就像普通的茶水那樣。

　　我抬頭向女主人說，「好喝，好喝。」並向我先生使了個眼色，示意他也該給孩子們做個榜樣。

　　我先生想了想，便起身拿了一杯茶，嚐了嚐，轉身向女主人豎了豎大拇指，女主人高興地退了出去。

　　四個牽駱駝的孩子們紛紛上前各自拿了一杯茶，同時在旁邊的糖罐裡加了幾勺糖，攪合一下，有滋有味地喝了下去。特別是那個阿里，他竟然一杯茶裡放了九勺糖，讓我看得目瞪口呆。

　　而他們，大概也為我們喝茶不加糖，感到有點奇怪。

　　我告訴他們，喝英國茶，加奶的時候通常是加一點糖的，可現在，越來越多的人考慮到健康的因素，已經不往茶裡加糖了，實在嘴饞的人，比如我，為了使紅茶的味道比較完美，有時選一些可靠的代糖放進去增加口感。

　　「糖對身體不好嗎？」阿里問我。

　　「簡直是肝臟和牙齒的大敵，特別是像你這樣，加了那麼多糖的喝法。」我打趣地說。

　　「可我需要很多糖，它給我力氣。」阿里堅持地說。

　　我打量他的身材，個子不高，有些瘦，頭髮像草一樣乾燥枯黃。

　　我於是說，「對，你正在成長，需要的糖比我們多。你多大了？」

　　「十九歲。」阿里說。

　　「十九歲？！」我簡直不敢相信，我還以為他跟我兒子同年紀。

　　「他多大了？」阿里指指我的兒子。

「十四歲。」我說。

看著眼前的這兩個孩子，一個是我兒子，十四歲剛過，已經將近一百八的個頭，面色紅潤，一臉稚氣。另一個是阿里，十九歲，個子還不到我兒子的肩膀，赤著腳，在應該讀大學的年齡，為家裡的生計每天為遊客們牽駱駝。

我突然感到很不舒服，並且不知所措。

阿里盯著我兒子看了一眼，也低下了頭。

我兒子自始至終都靜靜地坐在那裡，在那個埃及男孩的注視下，並沒有迴避。我希望，除了那種要命的優越感，他應該還想到別的。

告別了那家熱情的埃及人，給她們留下了午飯錢，我們又順著原路騎著駱駝回去。

所見到的景象已不再感到新鮮，阿里依舊牽著我先生騎的駱駝走在最前頭，年齡最小的孩子牽著我騎的駱駝走在最後面。

那小男孩時不時地機警地前後張望，抽空轉過身子對我說，「One Euro。」

我給了他一次，他安靜了一會兒，又繼續索要。

我無法拒絕他。

只是希望，他用那些錢買一雙鞋子，而不是去買糖吃。

我們終於又回到了渡輪旁邊的樹蔭下，駱駝的主人正昏昏沉沉地坐在剩餘的駱駝身邊打瞌睡。

　　我們給了他事先講好的價錢，又分別給了四個孩子一些小費。阿里並沒有將他那份小費裝進自己的口袋裡，而是遞給了那駱駝的主人，我猜想那可能是他年邁的父親。

　　我們回到酒店時，已是下午茶的時間。

　　雖然中午吃了很多埃及圓餅，此刻還是覺得肚子有點餓，我們決定到街上逛一逛，也許會買到一些新鮮水果。

　　埃及人大概是由於忙於生計的緣故，吃飯沒有固定的鐘點。已經過了正午很久了，我們本以為提供食物的地方都已經暫時打烊，沒想到沿街卻依然有很多小食攤在賣東西，特別是大街，所有的飯館看上去仍在營業，不少人進進出出。

　　我們沿著街道，一邊東張西望，一邊搜尋好吃的東西。

　　這並不是一件難事。

　　各類小食攤上堆著食物，大都是現做現賣，看上去挺新鮮，聞起來也香味撲鼻，只是眼花繚亂的不知道到底是些什麼。

　　都說埃及人的飲食具有濃厚的北非和阿拉伯的特色，也多少受到土耳其和歐洲的影響，他們喜歡各種各樣的麵食，很少吃大米，蔬菜沙拉裡通常加入大量的洋蔥茴香紅椒大蒜等辛香料，偏愛奇奇怪怪的豆類，擅長烤羊烤雞烤鴿子，不吃豬肉。

　　對，不吃豬肉。

　　我原先以為是宗教的原因，聽說《古蘭經》裡明確告誡過，禁食

豬肉，也就是說真主是這麼規定的，理解的要執行，不理解的也要執行。這次來到埃及，才聽說，還有另外的原因，是他們對豬的生理上的厭惡。

凡是吃草的動物，像牛、馬、羊、駱駝等，在穆斯林教徒的眼裡，都是清潔而善良的動物，因為牠們只吃綠色的植物，所以腸胃是乾淨的。而凡是吃肉的動物，像虎、豹、豺、狗、豬、烏鴉等，都是凶暴而貪婪的動物，因為它們的腸胃裡充滿了腐屍爛肉，所以臭氣薰天。

所以，穆斯林們是絕對不吃豬肉的。

他們也很少吃牛肉，因為牛在埃及的地理環境裡較難牧養，所以他們普遍吃羊肉和雞肉。

駱駝肉也可以吃，不過通常是窮人吃，因為它們的肉大都堅韌粗糙，不夠細膩柔嫩，大概是長年累月在沙漠裡生活，喝不到足夠的水。

我記得在我十歲左右的時候吃過駱駝肉，可我一點也不喜歡那駱駝肉，嚼在嘴裡如同汽車輪胎，腮幫子疼了很多天。

不過，此時此刻在路卡索的街上，我倒沒有見到有賣駱駝肉的，雞肉卻有不少，在一個圍著幾位顧客的小食車前，我看到忙碌的小販從一隻烤雞身上剔下一些肉來，切碎以後，放在油鍋裡迅速地炸一下，撈起來拌上細細的洋蔥和粉紅色的番茄片，然後捲在薄餅裡，遞給等在一旁的人們。他的嘴裡同時還不忘記大聲吆喝著，大概是在說他的捲餅好香好便宜。

在他的對面，是另一個更有意思的小食攤，地上站著一個小火

爐，上面平放著圓圓的平底鍋，鍋裡泛著燒熱的油，一個老頭正在高舉著黑色的漏勺，一面往裡面倒入白花花的麵糊，一面搖晃敲打著勺把，細小的麵絲便源源不斷地從孔洞裡落入油鍋，頃刻之間變得焦黃香脆，聞起來還有一股甜絲絲的味道，我們看得入神，那老頭得意得好像變戲法的大師。

再遠處，又有一個鍋爐大鍋，也正在吱吱作響地炸著什麼，我走進細看，從那形狀上猜測，可能是茄子，已經被一剖兩半，挖去中間部分，填上肉末和青椒，再撒一些胡椒麵細椰絲，一排排整齊地在平鍋上炸，芬芳四溢。

我不由得想到了中國的炸茄盒，正要叫住我的先生，想跟他重新討論有關修改當初不吃街頭食品的家庭決議，看看有沒有鑽漏洞的餘地，便被我的女兒拉到一旁。

她指給我看一家商店門前的地上，有一堆小山似的圓餅，就在行人們的腳邊隨意堆放著，幾隻興高采烈的蒼蠅不停地上下飛舞，旁邊站著的小販正在將一些炸好的豆餅和蔬菜沙拉往順手撿起來的圓餅裡一塞，賣給身旁的客人。我剛才的那些食欲，頓時消失的無影無蹤。

我意識到，身為母親不能任性行事，既然當初全家一致同意不隨便在街上吃東西，我就應該以身作則。免得為了一時的口腹之欲，惹得上吐下瀉，實在是很不值得。

於是，我叫我的先生和孩子們來到一個水果攤前，買了一些又紅又大的橘子，走到附近的草坪，坐下來一起分吃了。

晚飯是在酒店吃的，當然。

我們一絲不苟地坐在鋪著潔白桌布的餐桌前，每人點了一份自己愛吃的主菜，外加一瓶博納佐餐紅酒。

餐廳裡很安靜。完全沒有下午街頭的熱鬧和喧嘩。

穿著製服的侍者悄無聲息地在桌子之間穿行，間或停下腳步，俯身輕聲應答客人的要求。

我左手持刀，右手握叉，慢條斯理地吃著盤子裡的食物，腦海裡卻不由自主地浮現出街頭上那些酥炸茄子、芥末大蒜醬汁，和鮮榨甘蔗的影子。

一頓飯完畢，索然無味。

晚上九點半鐘，我們離開了路卡索，天色還沒有完全黑下來。

火車開動時，我倚著車窗，望著遠處層層的山巒，起伏的輪廓依稀可見，那是帝王谷和帝后谷，有著許多謎一樣神秘故事的地方。我心裡隱隱地覺得，我還會再回來。

因為有那麼一句老話，「飲過尼羅河水的人，注定是會再回來的。」

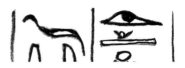

6 The Mysterious Pyramids

神秘的金字塔

第二天早上七點鐘，我們又如期回到了開羅。

一出火車站，便照例又被一群計程車司機包圍，一位花白鬍子的老頭儘管比我祖父還老，卻依舊身手敏捷，一把抓住我先生的胳膊，頭也不回地撥開眾人，往馬路右邊走，我們三人自然乖乖地追隨在後。

他的計程車比一般的計程車長出一截，好像加長的Limousine，裡面的座位也比我們以前坐過的計程車寬敞許多。我們高高興興地鑽了進去，正準備告訴白鬍子老頭我們酒店的名字，卻不見了他的蹤影，左右環顧，才看到他又跑回擠成一團的計程車司機人堆裡。

這是怎麼回事？

還沒等我們明白過來，便見他已經從人群裡又擠了出來，一只手抓著一個外國男人的胳膊，疾步向我們的方向走來，後面跟著一個三步併作兩步的外國女人。

我們顯然從沒經歷過此類事情，依舊遲鈍地沒有反應過來是怎麼

回事，直到那外國男人拉開車門，與我們大眼對小眼地眾目相對時，大家才恍然大悟。

「你已經有客人了，怎麼還把我們拉過來？」那兩位很不高興地反詰白鬍子老頭，轉身便往回走。

那老頭伸出雙臂想要攔住他們，並且張嘴試圖解釋什麼。

我們也挺生氣，從車裡鑽了出來，對那老頭說，「對不起，我們也不要坐你的車了，你想要同時拉兩批客人，至少事先應該告訴我們。」然後徑直朝另一輛停在路邊的計程車走去。

當我們坐進的計程車開動時，我看到那老頭正雙手舉過頭頂，往著天空沮喪地嘟囔著什麼。

又回到了Marriott酒店，又回到了我們三天前曾住過的房間，桌子上擺了一大籃水果，上面附著一張精緻的卡片，寫著，「歡迎你們回來，選擇Marriott作為你們再次下榻的酒店，是我們的榮幸。」

這個小小的驚喜讓人覺得暖暖融融的，很是愜意。小恩小惠在出其不意的時候，往往最能達到比預想還要好的效果，不用說，我們下次再來開羅時，還會入住此間酒店。

匆忙吃過早飯，便直接走出酒店大堂，按照計劃，我們今天去看金字塔，離這裡大約二十五公里，是我們埃及遊覽的另一個重點。

剛走近大門，穿著制服的警衛上前來打招呼，「早安，先生，今天打算去哪？」

「我們準備去金字塔。」我先生答道。

　　「只去Giza金字塔，還是連帶周圍的地區都看看？Abu Sir、Memphis、Saqqara、Dahshur？」門衛一口氣數出吉薩地區所有的景點，眞不愧是吃這行飯的。

　　「Giza 和Saqqara，這兩處地方就的占上一整天的時間，而且，它們是那一帶最主要的景點，不是嗎？」我先生也想聽聽這位警衛的意見，他是本地人，應該知道的最清楚。

　　「先生您眞是英明。那麼，要一輛包車了，我找一位最棒的司機給你們。」說罷，門衛朝酒店路邊等候的計程車們揮了揮手，又用埃及話說了句什麼，即刻便駛上來一輛計程車。

　　最棒的司機？怎麼解釋？他怎麼知道他認爲的最棒的司機會是我們認爲最棒的司機？

　　而我，本來打算在出門之前對我先生講，叫他別讓酒店的警衛幫我們招計程車，因爲我突然想起臨來時朋友說，從市區到吉薩金字塔可以乘坐地鐵，又準時又便捷又乾淨，甚至比阿姆斯特丹的地鐵都要好。

　　可惜，還沒來得及說，那警衛已先我一步，打開了大門，又先我一步，叫了一輛計程車，然後，「最棒的司機」這會兒笑瞇瞇地站在我們面前。

　　「你好，我們想去Giza 和Saqqara，大概要多少錢？」我先生問道。

　　「二百五十塊。」司機很快報出價來，他有一副二十多歲年青人柔和飽滿的臉龐和三十多歲中年人略經風霜的眼睛。

　　「這麼貴？不是只有二十多公里的路嗎？」我先生不禁問道。我

站在一旁剛要提議去乘地鐵，警衛卻來插話。

「不貴，先生。二十多公里是指從這裡到Giza金字塔的路程，你們不是還要去Saqqara嗎？從Giza到Saqqara沒有大眾交通工具，連計程車也不好找，你們最好在這裡包車一天，連司機帶導遊，不貴的。」警衛說得一臉誠懇。

「二百鎊。」我先生並不知道所謂「貴」與「不貴」之間的差別，他信奉的是「在埃及一定要砍價」的原則。

「好，好，二百鎊。」司機答道。

乘地鐵的想法算是泡湯了，我也不打算進一步勸阻，門衛說從Giza到Saqqara不通車，如果真是那樣，對我們一家四口來說，現在找好一輛計程車比到了金字塔附近再四處尋覓，無疑要省卻不少麻煩。至於警衛的話裡灌了多少水，只好相信「人性本善」了。

儘管在當今社會中，人性本善的人比孔子那時代還少。

從我們一上計程車開始，「最棒的司機」便顯示出他的英雄本色。

他先是例行自我介紹，說是叫「穆罕默德」，我女兒忍不住笑了起來，我連忙用眼神制止她，向司機解釋道，幾乎我們遇到的每一個埃及男人，都叫穆罕默德，是不是這個名字在埃及有某種特別的意義，因而最受父母們的偏愛。

當然，穆罕默德自豪地說。真主派遣給人類的先知是叫穆罕默德，十九世紀叱吒風雲的司令官是叫穆罕默德，六代以來的摩洛哥皇

室是叫穆罕默德，世界拳王阿里的名字也是叫穆罕默德……。「穆罕默德」這個名字確實是埃及父母們爲孩子們命名的首選，他們顯然期待自己的下一代從呱呱落地開始，便有一個錦繡前程：或者先知先覺，或者智謀雙全，或者尊貴顯要，或者榮華富貴，或者擅長打架。總之，最好是又有錢又有權，最好不要一輩子只配開輛計程車四處亂轉。

「可是，如果那麼多人都叫穆罕默德，怎麼顯得出他的與眾不同呢？畢竟，出類拔萃的人總是少數的。」我的兒子想了想，很快反問穆罕默德。

「你眞是太聰明了。正因爲叫穆罕默德的人太多了，所有的穆罕默德都在父母的重望之下拼命努力，結果是人人都挺優秀的，最後自然就顯不出那麼優秀了。」穆罕默德狡黠地回答我兒子的問話。

他眞是有點與眾不同，拐彎抹角地把自己誇了一下，還順帶解釋了他此時此刻的處境。

「那麼，第二個最大眾化的名字是什麼呢？」我女兒也覺得聽他說話挺有意思，不由得插上嘴來。

「男孩子最常叫的名字除了是穆罕默德，再有就是奧斯曼（Osman），女孩子最流行的名字是法提瑪（Fatimah）和艾莎（Eisha）。」穆罕默德說完，又分別問起我們的名字，還像荷蘭人那樣不厭其煩地重新一一打過招呼，包括對兩個孩子。

這又顯示出他與其他計程車司機的不同之處，他很懂得如何與外國人，尤其是外國的孩子打交道，他視他們和成年人一樣平等重要。

接下來，他便略略清了清喉嚨，表示要有一段開場白。

「開羅，」他不慌不忙地說，「作為埃及的首都，僅僅是從西元
696年法蒂瑪王朝開始的，而開羅三十公里以外的孟菲斯
（Memphis），卻是早在上下埃及統一時的西元前三千一百年，便已經
奠定為第一王朝的國都，曾經是古埃及繁榮熱鬧的中心。」

我們面面相覷，為這種前所未聞的學術講座式導遊「風格」給鎮
住了，此人果真不大一樣，不僅英語流利，而且說話有條有理，還有
那麼一點咬文嚼字的味道。

「你們知道孟菲斯在哪嗎？」他緊接著問。

我正想老老實實地回答「不知道」。

豈料他根本沒有把這句話當作一個問句，而是一個引子，不等我
們有所反應，已經自顧自地引出下文，「孟菲斯遺址就在我們去金字
塔的路上，四十分鐘左右我們會路過那裡，我會指給你們看，不過現
在已是廢墟了。當年那裡是法老們主持朝政和生活起居的地方，他們
死了以後，也是葬在附近，就是我們今天要去的吉薩。」

「知道法老們為什麼選擇吉薩作為葬身之地修建金字塔嗎？」他
又發出提問。

我當然不知道，我想我先生和孩子們大概也不見得清楚，於是，
條件反射地，我又要張口說出「不知道。」

當然，他又是一著虛擲，不容我們回答，馬上接著自答起來，
「沒人真正知道為什麼，可能是吉薩高地坦平，周圍盛產花崗石，占
著取材優勢。可也有人根據吉薩地區最大的金字塔的位置判斷，它的
子午線正好把地球分成東西兩個半球，把陸地和海洋分成相等的兩
半，而它的塔基也正好位於地球各個大陸引力的中心。這個特殊的地

理位置意味著什麼呢？」

　　這一次，我沒有搭腔，我被他的話題吸引住了，生平第一次，聽到有人這樣談論金字塔，真是驚奇極了。

　　穆罕默德顯然很滿意自己製造的效果，停頓了一下，然後慢條斯理地說道：「這意味著，古埃及人早在幾千年以前就比我們今天所預想的還要高明，還要進化，還要通曉地理天文。要不然就是，如果他們沒有那麼聰明，一定是在人類所知的世界之外，存在著一些未知的秘密。」

　　什麼意思？我被他的話弄糊塗了。

　　這個穆罕默德，還真不是等閒之輩，別看他開計程車，腦袋裡裝的東西卻不簡單，他簡直可以去到埃及博物館謀個職位。

　　我兒子突然插上話來，：「你的意思是說地球上存在著史前文明嗎？」

　　「好小伙子！」穆罕默德愣了一下，差點把車開到路旁的人行道上，「你是這樣想的嗎？」

　　「我不知道，我只是最近看了一些這方面的書，有一些科學家認為金字塔不是古埃及人建造的，而是什麼別的東西的產物。我們這一學期正在學古代文明史。」我兒子說。

　　真是越說越離譜了，我從來不相信幻想的東西，即使是科學幻想。不過，我倒想起我兒子最近從圖書館借了很多古埃及、古希臘、古中國發展史的書，他有一天還和我女兒爭論到秦始皇。

　　「啊，你應該懂得不少，讓我考考你。」穆罕默德來了興致，「吉薩大金字塔是地球上的七大奇蹟之一，這你肯定是知道的，那麼

它是由多少塊巨石建成的？」

　　我兒子想了一下，「二百六十萬塊。」

　　「不錯，好記性！每塊石頭重量是多少？」穆罕默德接著問。

　　「兩噸多？」我兒子似乎有點遲疑。

　　「二點五噸。」穆罕默德像個一絲不苟的地理老師，「二點五噸重的石頭，共有二百六十萬塊，它們是怎樣一塊一塊疊起來的呢？那時候還沒有起重機和工程學。有人說……。」穆罕默德詳盡地向我們解釋大金字塔是如何在二十年內由十萬勞工不分晝夜地修建起的，說到細節之處，他時而舒緩，時而激烈，逗號冒號問號驚嘆號恰如其分地穿插在句與句之間，一面自我陶醉在熟練的講演之中，一面毫不鬆懈地觀察著我們的注意力，時不時地用突如其來的提問阻止我們的片刻走神。

　　當講到金字塔的構造時，他突然將車子滑到路邊，嘎然停住，從上衣口袋裡摸出一張紙和筆，即興畫起一幅草圖來。

　　那草圖可說明一座金字塔的構築，讓人看得清清楚楚。他說，大金字塔基座的每一個邊長是9131英寸，而整個周長是36524英寸，把一個小數點放在這兩個數目的第三個數字後面，會得到什麼提示呢？那正是一年之中四季平分的時間和全年的天數！

　　我們全都被穆罕默德的解釋驚呆了，是古埃及人真的聰明透頂？還是現代人玩的數目遊戲？二者僅僅是巧合嗎？

　　我試探地問穆罕默德，可不可以把他畫的這張圖紙送給我，因為太有趣了。他想也沒想，便將它遞給了我。

　　我小心地將那張紙折好，放入口袋，準備回去以後細細研究。大

金字塔的印象經過穆罕默德的一番詮釋，在我心中已從最初的一個簡單的金字形的建築形象變的越來越複雜了。穆罕默德的語氣和問話，似乎透露出某些我聞所未聞的東西。

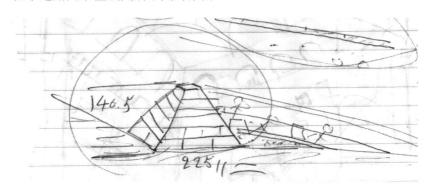

　　我們的車子又繼續上路了。

　　穆罕默德仍舊口若懸河，除了剛才停車畫了一張圖以外，將近一個小時的時間，他開車說話兩不誤，讓人不得不承認，「最棒的司機」的稱號，他確實是當之無愧的。

　　忽然，從車窗外的樹木掩映之中，金字塔建築的影像，飄忽一閃，轉瞬而過，我不禁驚呼一聲，指向窗外。穆罕默德說，不錯，我們離吉薩已經很近了。就在他的話音剛落，我又看到了金字塔，這一次更加清晰，不過也是飛快的幌了一下，就好像在和我們捉迷藏。我知道，我們快到目的地了。

就在我們的車子迅速攀上一個高坡時，我們眼前豁然開朗，金字塔，一座，兩座，三座，巍然矗立，一覽無遺地呈現在我們面前。

Oh, my goodness ！

當我們從計程車裡跳了出來，站在乾燥的沙礫地上，仰天面對眼前神話般的古代奇觀時，不由得被它們雄渾的體魄深深地震撼了。

這些歷經了四千多年歲月洗禮的巨大建築，居高臨下地站立在吉薩高原的荒野上，右臨黃沙起伏的大漠，左臨開羅城市的遠景，在北非戈壁凜凜狂風的暴虐下，日覆一日，傲岸如昔！

而那些同時被稱爲世界七大奇觀的其它建築，亞歷山大法洛斯燈塔、伊拉克巴比倫空中花園、希臘宙斯神像、土耳其阿提彌斯神廟、希臘羅德斯島太陽神巨像、土耳其摩索拉斯墓廟，卻都由於各式各樣的原因而傾圮倒塌。

只有吉薩金字塔，奇蹟般地存活下來。

究竟是什麼原因，使它們保留得如此長久，如此完美？

我大概也受到穆罕默德一路不斷提問的影響，開始自己給自己提問題。

穆罕默德就站在我身邊，他似乎有種洞悉別人內心的本事，指著大金字塔的輪廓對我說，看它的形狀，好像一只角錐，上尖下方，底部是正方形，準確無誤地朝著東西南北雙向平行。當風沙刮起來的時候，通常是始於底部，然後沿著斜面繞過去，呈螺旋形沿著逐漸尖削的塔身向上旋轉，繞到塔尖時自行消失。如此一來，儘管大漠的狂風

吉薩金字塔

凌厲，對塔身的破壞力自然相對減少許多。

　　我一聽，好像很有道理。

　　他接著又指著塔身告訴我，那裡的傾斜度是51度51分，下雨時，水流順著塔身彎曲流下，沒有積水，鹽鹼就不會有機會腐蝕金字塔，再加上建築金字塔的材料，都是吉薩高地數千年來經風雨見世面的堅硬頑石，所以它能禁得住時間的考驗，屹立至今。

　　我不得不承認，對眼前的這位穆罕默德，我還真得刮目相待，他那滿頭捲髮的橢圓形腦袋裡，顯然不僅裝滿了各種各樣的知識，而且還儲存了大量的準確數據，與其他那些只知道一些膚淺旅遊常識的計程車司機顯然不同。

　　我有點迷惑地看著他。

　　他低頭笑了笑，說：「我開的計程車，是我哥哥的，大學裡正放假，我趁機開車掙點外快。」他頓了一頓，補上了一句，「我在大學讀歷史，最後一年了。」

　　怪不得！我覺得應該像是這麼回事。

　　我高興地對他說，「我們真幸運，碰上了你這樣一個優秀的穆罕默德，看來你的父母沒有白給你起這個名字，相信他們對你的期望不會落空的。」

　　穆罕默德自信地點點頭，然後提議我們先圍繞金字塔走一圈，如果有興趣，再進到裡面看看。

　　我們當然要進到裡面看看，既然來了。我說。

　　穆罕默德沒有搭腔。

　　繞著大金字塔走上一圈是一件挺有趣的事，最底層的石塊被人們攀爬得光滑溜亮，我們的孩子在上面來回蹦跳，嘴裡不斷地發出歡呼聲。

　　附近有持槍的警衛，嚴密地監視著周圍，若看到有遊客試圖往上多攀登幾層，便會大聲叱責。

　　穆罕默德告訴我們，二十多年前的遊人來金字塔旅行，可不像現在這樣，像一群螞蟻似的匍匐在岩石腳下，望塔興嘆，而是可以爬上去，站到最頂層，甚至還有專門僱來的當地人幫助那些心有餘而力不足的人登上塔頂。然後他們還可以將自己的大名刻在花崗石上，比如「某某到此一遊，總共用了四十八個小時從金字塔的底層爬到頂上，

協助者：九個強壯的小伙子。」

　　從1980年起，這項「健身運動」被政府禁止了。原因不僅是保護文物，也為了防止登高時有人失足掉下來喪失生命，或者有人選擇此地自殺，以求轟轟烈烈揚名世界。

　　我只是對金字塔的外貌頗感興趣，古埃及人為什麼要將它建成「金」字的形狀，除了穆罕默德告訴我的構築上的原因以外，是不是還有其它講究，比如說，信仰上的。

　　穆罕默德真是本「十萬個為什麼」，答案在他那裡總是能夠信手拈來。

　　他說，在《金字塔銘文》中，確實有這樣的字句，「為他建造起升天的天梯，以便他可以由此進入天堂。」以及，「太陽把光芒伸向他，以便他可以到天上，猶如阿蒙神的眼睛一樣。」

　　就是說，金字塔的外貌即像攀登的梯子，又像是太陽光輝的射線，可以使死去的法老沿著它一層層步入天堂。

　　經穆罕默德這麼一點撥，我幾乎立即就可以想像出夕陽西下時分，金字塔的尖頂與正在沉落的太陽相互融合的一霎那，金黃色的光線順著塔身傾瀉而下，在空寂的大地，渲染出令人眩目的壯麗景象。

　　可惜我們此時正逢中午，大太陽當頭，金字塔在烈日炎炎的烘烤下，顯得不勝其苦。

　　我不由得走近金字塔，伸手摸了摸那些微微發燙的石頭，它們中的一部分，大概就是像穆罕默德所說的，歷經千辛萬苦，從遠處的西奈半島一船一船地運過來，再一塊一塊地疊上去。

　　這金字塔高度一百四十六公尺，也就是有大約四十層樓那麼高，

眾人都說在巴黎的艾菲爾鐵塔修建之前，它一直是世界上最高的建築物。這樣龐大的工程，眞的是幾千年以前的人們建造出來的嗎？

我問穆罕默德，有沒有什麼歷史遺傳下來的文字或圖畫透露給後人，金字塔到底是怎樣築成的。

穆罕默德說，很遺憾，迄今爲止還沒有發現任何形式的記載，告訴後人金字塔形成的過程。儘管古埃及人在金字塔內的牆壁上和金字塔附近的廟宇裡，留下了許多繪畫和雕刻，但是卻沒有任何有關建造方面的蛛絲馬跡。

以至於多少個世紀以來，無數的考古學家，地質學家，建築學家，生物學家，甚至能源研究專家，各顯其能，眾說紛紜。

有人說，建築金字塔的石頭不是從外地開採再順著尼羅河運來的，而是就地取材，在吉薩高地的附近鑿出來的。那時候即沒有發明出怪手，也沒有發明出炸藥，而是用鐵器在岩石上開出一道深槽，深槽裡插上一根木鍥，再往裡面注滿了水，等木鍥被水泡漲後，岩石便會漲裂，一塊塊巨石就是這樣被人們又聰明又笨拙地開採出來的。

也有人說，建造金字塔的巨石不是「鑿」出來的，而是「造」出來的，原因是有一次某位科學家偶然地在一個石塊中發現了一根頭髮！還有夾雜的礦物質和氣泡！這說明天然的石塊是不可能會有這類東西的。因此，建造金字塔的巨石是勞工們化整爲零，用一些木頭模子注入攪拌好的混合物製造的。這個說法看來不錯，即省力又省時，以此種理論，建造金字塔便不需要十萬人，一半就夠了，剩下的一半盡可以坐在太陽底下喝小麥啤酒了。

還有人說，既然建造金字塔的時候還沒有發明起重機，甚至連軸

轆也沒有來得及在生活中應用，那麼古埃及人一定是利用斜面原理，事先修築了一條長長的坡道，然後用滾木將巨石順著斜面拉上去，疊起一層石塊，再修一層坡道，再疊一層石塊，逐層加高，最後疊到了金字塔的頂部。至於事先修築的坡道和輔助用的土包，當然是最後完工時拆除了。

更有人說，這樣浪費巨大的人力物力，既不經濟，也不人道，古埃及人可比我們想像得智慧多了。他們不但頭腦聰明，而且富於情趣，他們不可能將自己數十年如一日地受縛於笨重的體力勞動，而是利用風力，事先做了一些巨大而漂亮的風箏，當狂風大作，風力達到每小時24公里時，風箏的運載重量升至3.5噸，巨石便在大風的推動下飄逸而輕而易舉地滑上指定地點，整個過程僅僅需要25秒鐘。

眞是太浪漫了！

這個結論的支持者們還眞跑到Mojave沙漠地區進行了實地測試，爲的是用事實證明自己的正確。應該說，他們不但敢想敢做，而且還相當誠實，至少事後承認，這個運輸方法要求風向風力都得非常合適，也就是說，古埃及人先要說服老天爺願意合作才行。

少數科學家壓根就不相信人類在彼時彼地具有建造金字塔的神奇能力，因爲整個過程困難太多了，有些根本就不是四肢發達頭腦簡單的人類所能解決的。他們認爲，必有「另類」在大洪荒之前就已經在地球上存在，並且曾經高度發達。

譬如說，位於大西洋直布羅陀海峽以西的亞特蘭蒂斯島，這個被古希臘哲學家柏拉圖在《迪邁斯》中極力贊揚的地方，就曾有過燦爛的古文明。那時候，全島還處於一大片完整的陸地，各個方面都已經

夕陽中的金字塔

十分先進發達。然而有一天，地球突然震動，產生出裂變，整個島嶼頃刻沉入海底，只有一小部分科學家，很可能對地球的動態稍早覺察，僥倖地到埃及以神奇的技術建出了金字塔，將他們的文化和科學的秘密藏匿在塔內。

譬如說，非洲阿特拉斯山麓的柏伯爾部落，比埃及的文明還要早數萬年。是他們在旅行遷徙途中，看中了尼羅河三角洲這塊地方，在吉薩高地建造了金字塔。這個部落的人群後來產生紛爭，流離失所在地球各處，大部分成為我們祖先的祖先。儘管後世許多人不願意承認自己具有非洲猿猴的血統。

譬如說，迄今為止爭論得天昏地暗的外星人，數萬年前到我們這個星球勘探時，發現當時的地球除了恐龍和猛獸，根本不適合居住，便撤離了，臨走前選擇子午線的中心位置建了金字塔，作為觀察站，準備以後隨時獲取地球上的資料，將來發動星球大戰。

譬如說……。

Who cares！

此時此刻矗立在我面前的金字塔，每一塊石頭都是真實的，可觸摸的，不管是誰造的，如何造的，它是個了不起的傑作。特別是以它巨大的體積和它腳下螞蟻般的人群相比，它便愈發顯得令人敬畏。

是的，怎麼突然出現了這麼多人？我們來的時候，除了幾輛旅遊巴士下來的外國遊客，並沒有多少參觀的人。這會兒，亂哄哄地湧上來成群結隊的埃及孩子們，是學校組織活動嗎？看那陣仗，至少有好幾個區的學校，也可能是學生們的特價日。

幸虧吉薩高地大得很，幾百幾千人散落在裡面，也並不算是一回

事。

　　我正猜想著，卻發現自己又成了埃及孩子們的目標。幾個在附近的岩石上跳上跳下的孩子，不知在誰的號召下，紛紛向我跑過來。

　　我還沒有明白是怎麼回事，他們已經喘著氣擠在我的面前，嘻嘻哈哈的，問我叫什麼名字，大聲重覆我的中文發音，然後舉著手裡剛剛買的明信片，非要讓我在上面簽字。

　　有沒有搞錯？他們一定是把我錯認成什麼人了。

　　當我遲疑地接過來他們遞上來的明信片時，再三詢問他們是真的要我為他們簽名，還是要我為他們在上面寫幾個吉利的中文字，當弄清楚了他們是要我簽名時，我可樂了。

　　這還是平生第一次，居然有人認為我的名字如此意味深長，以至於希望保留下來做個紀念。

　　我受寵若驚地為幾個孩子簽名留念，很快，又有更多的孩子也好奇地圍了上來，更多的要求簽名留念。

　　這可真是把我給搞糊塗了。

　　不過，我也好好過了個「簽名癮」。

　　沒有人要我先生簽名，大概是他那張西方人的臉對埃及孩子來說比較司空見慣，沒有什麼吸引力。他站在一邊正與穆罕默德聊天，同時饒有興味地看著我被一群大大小小的埃及孩子們包圍的可笑情景，直到一個模樣像老師的人過來將孩子們叫走。

　　我周圍突然安靜了下來，這使我感到了一股失落，這才明白原來被人簇擁的感覺是如此的美妙，一旦喜歡上這種感覺，突然結束了，還真讓人不習慣呢，哈哈。

我們接近了金字塔的入口，說是入口，實際上是西元820年，一位古埃及的哈里發擅自讓人以爆破方式開出的通道口，盜墓用的。

　　我們問穆罕默德，要不要進去看看。

　　他說，他很早以前進去過一次，裡面沒有什麼，他不想再進去了。

　　裡面沒有木乃伊和陪葬物嗎？我覺得有點驚奇，都說金字塔是法老的陵墓，裡面一定藏有珍寶。

　　穆罕默德遺憾地聳了聳肩，告訴我們，世界上的人都是這樣認為的，所以才會有哈里發阿爾瑪蒙開鑿入口的瘋狂行為，他們進到裡面之後，上上下下經過許多形狀古怪的甬道和用途不明的黑洞，千辛萬苦地摸索到傳說中放置法老屍體的墓室，卻發現裡面除了一具石棺以外，什麼也沒有。不過，為了迷惑後人所修築的那些幽暗莫測的密道，低矮狹窄，時而直上，時而直下，好似迷宮一般，對童心未泯的老少孩子來說，說不定會覺得挺有趣的。

　　他打量了一下我先生和我兒子的身高，又說，大多數密道只有半人多高，除了侏儒以外，普通人都要彎腰低頭行進，根本不能直起身子，如果擠在裡面的人太多的話，空氣肯定也不好。

　　聽穆罕默德這麼一說，我頓時有了一種喘不過氣來的感覺。我最近常常做一些匍匐在黑洞中憋得找不到出路的奇怪的夢，不知道是身上的棉被裹得太緊的緣故，還是冥冥之中老天爺在托夢給我，讓我別去鑽金字塔。

斯芬克斯獅身人面像

　　我對眾人說，我不想進去了，誰要是有興趣進去探險，我不介意留在外面等候。

　　我先生和我兒子也連忙擺手，望著金字塔入口處擁擠的人群，說他們不想像龍蝦那樣蜷著身子跟在別人的屁股後面，分享眾人的氣味。

　　我們把目光轉向我女兒，她說這不公平，我們大家都不進去，她怎麼可能一個人進去。我知道這是事實，答應她回到荷蘭後，一定帶她去最大的Labyrinth迷宮作為補償。

　　吉薩高地並不只有三個金字塔，實際上，它有一群金字塔。

　　最大的一座是法老胡夫的金字塔，離它稍遠一點是胡夫的兒子哈夫拉的金字塔，再遠一點是胡夫的孫子門卡烏拉的金字塔。這三座金字塔的規模一個比一個小，不知道是爲了遵循長幼尊貴有序的倫理綱常，還是無意之中顯示出古王國的國運每況愈下。

　　三個大金字塔周圍，又有幾排相當小的金字塔，是法老們妻妾的金字塔，有的被風沙掩埋，幾乎看不出來。

　　這一片金字塔墓群的布局，長久以來被世人廣泛猜測，說它是一個神秘的星象圖，其中三個大金字塔的排列和獵戶座中三粒腰帶星的排列有著特殊的關係，而天上的星河和地上的尼羅河的位置分布也全對稱。

　　尋根問底的諸子百家們斷定，這種天地相互對應的關係並非偶然的巧合。

　　穆罕默德開著他的計程車載著我們在這個與上天有著「特殊關係」的開闊地帶兜了一圈，然後停在了哈夫拉金字塔的右手位置，抱歉地告訴我們，斯芬克斯獅身人面像沿著下坡的大道便能走到了，計程車不能開進去，他要繞到後門等我們。

　　斯芬克斯獅身人面像！我們對它早就久仰大名，不要說走上那麼幾百公尺，就是花上半天功夫進行「長征」，也是在所不辭的。

　　大概是吉薩高地的遊客們都與我們有著同樣的決心，即使是頂著頭上的烈日，踩著腳下硌人的碎石，也毫不動搖地匯集成一股股人流，往下坡走去。

　　自然地，獅身人面像的四周便被裡三層外三層的人牆圍個水洩不通。

　　這也難怪，整座塑像也就有米長米寬，單獨看來體積挺大，可放在空曠的沙漠裡，就顯不出什麼來了。再加上原先散落在金字塔四周的遊人轉到這兒來以後，集中聚攏在同一地點，可不是擁擠嘛。

　　我踮著腳尖在人頭的空隙中努力捕捉一些景象，最後還是洩了氣。

　　還好，我多少看到了獅身人面像的主要「片斷」。灰色主調，蒼老淒涼，臉上的鼻子坑坑窪窪。

　　我覺得相當失望。

　　書上的斯芬克斯比實際中的景象要英武多了。

　　這是常情。

　　我退了出來，不懂為什麼人們會盯著一個造型簡單的雕像看那麼久，大概是陷入了「念天地之悠悠，獨滄然而淚下」的境地而難以自拔

　　我也想起來有關斯芬克斯的一些隻字片語。

　　都說它與哈夫拉法老有關係，是哈夫拉下令讓人修建的，它的頭部就是法老本人活著的時候的肖像。

　　它原來還有一個五十七公尺長的假鬍子，就像大多數法老雕像的下巴上經常垂下來的一長縷假鬍子一樣，用來象徵皇室地位的。後來不知怎麼失蹤了，義大利的一位探險家在附近費勁地找來找去，最後只發現了兩個小小的碎

夜晚的金字塔與斯芬克斯獅身人面像

片，至今存放在大英博物館裡。

　　怎麼什麼珍貴的東西在世界上轉來轉去，最後都轉到倫敦的大英博物館裡「落戶」？就說木乃伊吧，整個埃及的金字塔裡都沒有發現木乃伊，盧卡索帝王谷的陵墓裡也只是屈指可數的那麼一些，埃及博物館裡的木乃伊陳列物也相當有限，可到大英博物館去看看，一大屋子的木乃伊重重疊疊，看得你五臟六腑不得安寧。

　　世界上就是有許多不合邏輯的怪事。

　　還有那斯芬克斯臉上鼻子的大窟窿是怎麼回事？有人說是拿破崙入侵時命令士兵們用大炮轟掉的，有人說是奧斯曼帝國的軍隊毀壞的，也有人說是土耳其人將它當作靶子練習射擊時削平的。可拿破崙卻信誓旦旦地說，他怎麼可能讓手下人糟蹋一件千古藝術遺作，他想保護它還來不及呢。

　　這倒也是，正是1788年法軍入侵埃及以後，拿破崙的一百多名隨軍學者們對埃及古文物的大量研究，才解開了古代象形文字之謎，他們的大批學術著作確實開闢了近代埃及考古學的研究之路。

　　因為歷史總是逆來順受地被人反覆篡改，所以沒人能弄得清真相到底是怎麼回事。

　　當然，傳聞得最多的，還是斯芬克斯獅身人面像的身世。越來越多的學者們開始與傳統的定論唱反調了。他們說，憑什麼認為獅身人面就是哈夫拉建造的？就因為在獅子的腳爪之間有那麼一塊隱隱地刻著「哈夫」二字的石雕嗎？可「哈夫」那兩個字並沒有像一般的法老名字那樣用外框圈起來，何以見得它指的是法老哈夫拉的名字？再說了，在埃及文字中，「哈夫」的意思是指「升起」，一個獅子在地

平線上威武升起，這個解釋也不是沒有道理呀？

美國的地質學家最敢想敢說，1992年時他們就有人提出，從獅身人面像的腐蝕情況看來，它至少經歷了埃及歷史上形成乾燥沙地之前的最後一個雨季的侵蝕，而那會兒，應該是西元前7000年以前的事。從其它埃及歷史遺跡來看，沒有別的石灰岩建築物顯示出遭受到同樣侵蝕的痕跡，這說明，獅身人面像比所有的金字塔都要早得多。

既然這樣，獅身人面像不是法老哈夫拉建造的，又是誰建造的呢？

大概又是「外星人」吧。

他們到底是誰？

無人知曉。

真的像有些人推論的那樣，地球誕生至今早已有四十五年的歷史，這當中曾經經歷了數不清的周期變化和高級智能生物的周期性進化。人類生生死死，地球磁場翻翻轉轉，古時候，上古時候，太上古時候，到底發生過什麼事情，誰又能說得清楚？

我只能肯定一點，我的肚子此時此刻咕咕作響，生理時鐘在提醒我，該是照顧它的時候了。

我們走出後門，很快看到穆罕默德，向他提議一起去吃東西，被他客氣地拒絕了。為什麼？肚子不餓嗎？

穆罕默德解釋，他是素食主義者，吃的東西有限，外出工作時通常不吃東西，回家後再填飽肚子。

　　那麼，喝瓶水吧，我們順便給你買瓶飲料？我提議。

　　同樣被他婉言謝絕了。

　　可我們卻是既要吃又要喝的。四處張望，滿大街都是賣小吃的攤子，我先生二話不說，毫不猶豫地拉起我和孩子們的手，橫過馬路，進了一家麥當勞。他是做保險業的。

　　結賬時，我為穆罕默德選了一瓶礦泉水，這種不含糖精不含色素的自然物質，他應該可以接受的吧。

　　沒想到，當我坐進計程車將水遞給他時，他倒是接了下來，可直到下午，他送我們到酒店門口，我注意到那瓶水仍舊紋風未動地躺在駕駛座的旁邊。

　　他難道一整天都滴水未進嗎？

　　我們的車繼續又顛簸在勉強可以稱作「路」的地面上，朝著薩卡拉（Saqqara）的方向前行。

　　薩卡拉是一片比吉薩高地更深入沙漠的地帶，是第二王朝王室貴族的主要墓地，也是世界上第一座金字塔的遺址。可不知為什麼它卻沒有吉薩金字塔那樣有名，吸引不到成群結隊的遊客。

　　四千七百多年以前，古埃及還沒有發明出金字塔，那時的法老貴族們死後，也就像其他平民一樣，埋在一種泥磚搭成的長方形平頂斜坡墳墓裡，叫做馬斯塔巴（Mastabas）。

　　第三王朝時，古埃及出了一位了不起的人物，伊姆赫蒂布

薩卡拉（Saqqara）階梯金字塔及其靈殿

（Imhotep），他不是世襲貴族，卻自學成才爲一個出色的祭司，同時還擅長醫術和建築，很受昭塞爾王的賞識，任命專門掌管建造皇室墳墓。

　　伊姆赫蒂布出生於美索不達米亞，大概是童年時從故鄉古巴比倫的高塔神殿那裡得到的靈感，當他著手設計第一個馬斯塔巴墳墓時，並沒有像以往的那樣只疊出一層，而是足足疊了六層，原有的土坯建材也改成堅硬的石灰岩，使傳統的馬斯塔巴墳墓頓時脫胎換骨成爲一

座底部長140公尺、寬128公尺、高60公尺的巨大建築物。

於是，第一座眞正意義上的金字塔便這樣誕生了。

於是，法老的墳墓便與其他人的墳墓有了高低之別，被尊稱爲昭塞爾階梯金字塔（Step Pyramid of Djoser）。

於是，發明出這種等級區分的伊姆赫蒂布也因此被加冕了許多油水十足的頭銜，「御前侍衛」（First for the King），「下埃及的掌璽大臣」（Keeper of the Seals of Lower Egypt），「上下埃及公共建築總監」（Director of Public Works in Upper and Lower Egypt），「大太監李蓮英」（Supervisor of the Great Palace），等等。

於是，當我們的車子顛簸地翻過荒涼的沙丘，駛進一大片罕見的開闊地時，我們的目光頓時被一座默然兀立的階梯形金字塔孤零零的身影吸引住了。

不過，這兒可眞是夠荒涼的。舉目所及，四周都是地平線，幾隻飛鳥傾斜著翅膀緩緩地滑行在藍得沒有一絲雜質的高空，空氣燥熱乾枯，湧動的黃沙在風的撫摸下悄無聲息地變幻著。

沒有揮動著彩色小旗的觀光團隊。沒有追逐奔跑的孩子們。沒有擁擠喧鬧。只有三三兩兩不多的一些人影，靜靜地散落在傾圮的古老岩石附近，到這裡來的遊客是眞的想到這裡來的遊客。

這樣眞好。

穆罕默德將車子泊在附近的一個小沙丘旁，便帶著我們深一腳淺

一腳地淌過鬆軟微熱的沙地，來到一片廢墟面前。

　　他告訴我們，當初伊姆赫蒂布不止建造了一座階梯金字塔，還以它爲中心築起了一個東西寬277公尺、南北長545公尺的圍牆，圍牆內修了祭殿、後祭殿和院落等，以便皇室家族舉行相關的儀式。孟菲斯古都廢除以後，這裡漸漸荒涼冷落。

　　我看得出，原本連通金字塔的祭祀殿，成排的圓柱已經倒塌，紋刻著眼鏡蛇圖案的影壁有些還繼續殘存著，依舊美不勝收。而昭塞爾階梯金字塔本身在被歲月無情地侵襲了上千年之後，仍像個不甘心窮途末路的老人一樣，巍巍然然地努力站立在那裡。

　　事實上，這一片建築群兩百年前險些被沙礫掩埋了，1851年時，考古學家啓發世人重新整理古代墓場，不僅挽救了老金字塔，而且還意外地發現了許多驚世遺址。比如說，第五王朝最後一位法老Unas的陵墓，整間墓室內刻滿了近代的人們首次也是唯一的金字塔銘文（The Pyramid Texts）；轟動世界的巨大地下神牛墓、七十噸重的二十五間花崗岩石棺內堆滿了無數阿庇斯公牛木乃伊；曾經在三位法老統治期間歷任大臣的Ti的馬斯塔巴墓室。

　　我們決定只去Ti的馬斯塔巴墓室，因爲一直還沒有機會看到貴族墓穴，其餘的景觀只好暫時放棄了。況且那裡離得不遠，不會使這一天的活動太繁多。疲勞是出遊的最大忌諱。

　　Ti的墓室是典型的馬斯塔巴，只有一層土坯砌在地面上，不過沿著地下階梯往裡走，原來下面寬敞得很，至少有一百多平方公尺。特

別是其中的壁畫，雖然沒有王室家族那些大場面的祭祀和出征，但卻描繪了不少難得的日常生活的情景。

比如說，田野裡的收割，乘船出海捕魚，緊張的圍獵，和樹林中的載歌載舞。我最欣賞側面牆上的一幅有關為小牛接生的繪畫，那個正在生產的母牛，頭部驕傲地微微揚起，兩隻後腳彎曲而痛苦地用力撐在地上，已經探出一半身子的牛犢，兩只前爪試探地在空中劃動，一雙驚異的眼睛瞪視著正蹲在一旁雙手迎向它的女僕。母牛身體的上方是一排坐在木船上用力揮漿的男子們，裸露著肌肉強健的身體，男性生殖器誇張地勃起，整個畫面充滿了對生命的膜拜。

從Ti的墓室出來，已經接近下午四點鐘了。回城的途中，穆罕默德建議我們，馬上將要路過一個地毯廠，不知我們有沒有興趣去參觀一下，裡面都是孩子們在工作。

孩子們工作的地毯廠？聽起來好像和黑幫和童工有瓜葛，我不禁好奇心起，很想探個究竟。好呀，我們還有點時間，不妨去看看。

不過，心裡在嘀咕，有「料」的工廠可以隨便讓外國人參觀嗎？

很快便到了地毯廠。

那是個兩層樓的灰色建築，正面有一個直接通往第二層的樓梯，上面掛著一些大牌子和花花綠綠的地毯，看上去像是商店，我開始懷疑穆罕默德這位書生是否也不能免俗，將我們帶到了他的關係戶賺點回扣。

不過，一樓的門倒是敞開著，裡面傳出一些聲音來，一位胖胖的埃及人大概是聽到計程車的動靜，從裡面探出頭來，見到我們，便做了個手勢讓我們進去，一副見怪不怪的樣子。

進去後我便被眼前的景象吸引住了。

一百公尺見方的一間大屋子，三五成群地坐滿了年齡不大的孩子們，每一組孩子們的面前懸著一幅巨大的地毯半成品，一雙雙小手飛快地編織著，聽到我們進來，他們並沒有停下手裡的工作，甚至頭都沒有轉動一下，只用眼角時不時地飛快地瞟上那麼一眼，繼續聚精會神地操作著，一付訓練有素的樣子。

胖胖的埃及人一面帶領我們穿行在孩子們中間，一面滔滔不絕地講著地毯之間的差別，各種行內術語從他的嘴裡流瀉出來，什麼回紋形、十字形、結頭、嵌花……，我假裝注意聽著，眼睛卻在打量周圍，不明白這裡在哪找來那麼多孩子，他們不上學嗎？

就在這時，一個看起來十歲左右的一個女孩，突然向我伸出一隻手，機警地環顧一下四周，指指自己張開的嘴巴，她在向我討糖吃。

　　我抱歉地向她擺擺手，我是個不喜歡甜食的人，口袋裡從來不會有糖果。我下意識地伸手摸了摸褲兜，真的什麼也沒有，不過，倒是有一枚硬幣，我把它攢在手裡，假裝探身看地毯的圖案，然後出其不意地塞到女孩子的手裡。

　　她對我咧嘴笑了笑，又繼續幹活了。

　　我問胖胖的埃及人，為什麼這裡都是孩子，是因為童工便宜嗎？

　　那還用說，我先生拉了拉我的衣角。

　　可那埃及人卻說，不是這個原因，而是因為孩子的手指細嫩，編出來的地毯才會光滑精致，他們只要少男少女，所以設立了這個前店後廠的地毯作坊，讓顧客們清楚地看到，這裡出產的地毯是真的童工的手編織出來的。

　　我聽他這麼一說，心裡不由得一陣揪悸。

　　那一雙雙未成年的小手，每天要在這機器架子上一刻不停地打結切割，日覆一日，該是何等地疼痛難忍，何等地粗糙變形啊！還有那一天天原本應該玩耍和讀書的快樂時光。

　　我不想再繼續參觀了，卻聽到那埃及人邀請我先生到樓上的展廳去看看，我還沒來得及阻止，我先生已經點頭稱是，那是他的罩門，最喜歡購置地毯。

　　唉，誰都有些缺陷，我先生的缺陷就是永遠戰勝不了各式各樣手工地毯的誘惑，也別管家裡有沒有擺放的地方。

　　這一次，無論如何我也不能由著我先生毫無節制地屈從於他自己的愛好了，想想看，若再繼續買地毯，我們的家乾脆改成地毯倉庫算了。

我打定主意，不動聲色地隨他們上了樓上的展廳。

展廳很大，像所有的地毯商店一樣，牆上掛的，地上堆的，到處都是地毯。有波斯式的、土耳其式的、高加索式的、西藏江孜式的……。

我比較喜歡波斯地毯，因為它們的色調。

不過，喜歡歸喜歡，把它們搬回家中又是另外一回事。

因此，當殷勤的伙計們在老板的眼色下，準備開始將一張張地毯扛過來大展宏圖時，我便客氣而斷然地拒絕了。

我說我們與朋友約好一同吃晚飯，必須馬上趕回酒店，改日再來拜訪。

我知道當店裡的伙計們把地毯一張一張辛苦地搬過來，在你眼前展開，再把那些你不喜歡的捲起來搬回原處，另選一批你可能會喜歡的地毯再搬過來鋪開在你眼前，正是這一行老板們慣用的苦肉計。每張地毯少說也有十幾斤、幾十斤，這樣搬來搬去的反覆折騰，最後誰還可能好意思什麼也不買呢，少說也得買上一兩塊。

我們家的地毯有一半就是這種「於心不忍」的產物。

地毯老板明顯地愣了一下，他大概沒想到，在他印象中一貫柔順聽話的東方女性，怎麼如此生硬地不給面子，不照顧別人的情緒。更可氣的是，我先生竟然「婦唱夫隨」，聽到我的話以後，一面向他對不起，一面竟然跟在我身後一同往門外走去。

出門見到穆罕默德，他正坐在車裡似睡非睡，聽到我們的聲音，立即睜開眼睛，看到我們空著手從店裡出來沒有買地毯，顯得有些失望。

我也為他感到失望。

我知道如果我們買了地毯，他會從中得到抽成，這是心照不宣的。我完全理解，也並不在意在價錢公道的情況下，為自己買些紀念品的同時，也間接地帶給別人一些好處。

可是這一次不行。

沒有節制地購置，再好的東西也會變成災難。

我抱歉地對穆罕默德笑了笑，說：「地毯很漂亮，可是我們不準備回家的途中攜帶笨重的東西。」

穆罕默德沒有說什麼，把我們一路帶回酒店。

下車後，我們再三向穆罕默德道了謝，並在付錢的時候，給了他很不錯的小費。

穆罕默德開心地笑了。

我們也累了一天，洗過澡後，開始琢磨晚飯，大家都覺得需要一頓豐盛的美味好好犒勞一下自己。

房間裡的酒店手冊上，列了近十個餐廳，而且還兼具各國風味。

「Egyptian Night」，埃及之夜，啊哈，就是它！ 真是「眾裡尋他千百度」，在阿拉伯國家吃阿拉伯飯，沒有比此更合適的選擇了！

Egyptian Night實在太好找了，它不像其它餐廳那樣在酒店裡面，而是得天獨厚地霸占了後花園最大的一片草坪，搭起一座巨大的帳篷，周圍掛滿了炫目的燈飾，十分地引人注目。

在開羅，Marriott酒店算是元老一級的了，雖然它的星級不如希爾頓酒店的高，但它卻有著顯赫的歷史，曾經與歐洲的王室關係密切。1869年，當蘇伊士運河落成時，為了接待拿破崙三世的王后和英國威爾斯王子到埃及來參加典禮，特地仿照歐洲宮殿的風格修建了Marriott，作為御用行宮。

從那以後，Marriott似乎就特別了起來。最後一位皇室的入住，是1989年11月，奧地利親王Franz-Josef和他數量眾多的隨從隊伍 ，那次可把酒店上上下下弄得不亦累乎，特別是在分房間時。

人們通常不叫它的正式名稱Marriott，而是意味深長地稱它Palace，暗示它自命不凡的過去。

我們選擇Marriott，是聽一位朋友的介紹，說它「內涵豐富」，引起我們十足的好奇心。想一想這輩子從來沒有機會住過「宮殿」，今後這樣的可能性也相當渺茫，便毫不猶豫地預定了它的房間。事實證明這個決定無比正確。

Egyptian Night不愧是宮殿內的御膳房，侍者個個訓練有素，笑容可掬。我們剛被帶位的小姐領到桌前入座，便有一位眉清目秀的小童立刻端來一個銀製的大托盤，裡面擺放著二十多種令人眼花撩亂的蘸料和厚厚一疊烤得香噴噴的圓餅。

　　我相信這是埃及式的前菜，就像義大利餐館和法國餐館那樣，客人一入座，先免費奉上一小籃切片麵包和泡著黑橄欖的Extra Virgin，不過和眼下這一大托盤的吃食相比，埃及人可真是大方得令人熱淚盈眶。

　　手腳俐落的小童先把圓餅放在桌子中央，然後看到我們這些外國人一臉茫然，指著那些五顏六色的蘸料說，這是用炙烤過的茄泥拌上炸芝麻的Babaghanoush，那是用煮熟的雞嘴豆加橄欖油和蒜汁調成的Hummus，還有用白雲豆泥配上檸檬汁香茅葉混製的Fuul，用酸乳酪加甜椒加小茴香煨出來的 Mezze，以及一大堆我從來沒吃過也說不上來到底是什麼和什麼糾纏在一起的美味。

　　我們聽得雲山霧罩，叫小童把那些蘸料統統擺到桌上，打算什麼都嚐一嚐，讓自己餓了一天的肚子先踏實下來，然後再不慌不忙地享用主菜。

　　我們將圓餅撕成一小塊一小塊，抹上蘸料，直接用手送進嘴裡，啊，真是美味得讓人神魂顛倒，我們吃得又盡興又開心，消滅掉一疊圓餅，又叫了一疊圓餅，不知不覺之間，肚子被填得飽飽的，幾乎找不出多餘的空隙。

　　正在這時，原有的背景音樂忽然停了下來，餐廳中心的舞台上站了個滿臉絡腮鬍子的埃及男人，他大聲地說了一句話，隨即響起了一陣鼓點，一個年輕的埃及女子身穿紫金流蘇的舞服快步旋轉到舞台，原來是埃及有名的肚皮舞即將粉墨登場。

　　餐廳裡的氣氛頓時熱烈起來，音樂又重新響起，人們紛紛放下手裡的刀叉，隨著節奏鼓起掌來。

　　埃及舞娘柔美地轉動腰肢，像蛇一樣起伏地舞動起來，裸露的腹部戴著一圈細碎的飾片，在燈光下令人窒息地閃閃發亮。

　　我們全都看得津津有味，端上來的主菜卻被冷落在一旁，那是一大盆四人份的烤肉拼盤，我們選了很久才獲得一致同意決定的。香氣四溢的肥鵝、筍雞、小羊腿和牛腰肉全部爭先恐後地散發著誘人的味道，同時還有佐餐的紅豆香芹燜米飯，不用嚐，看著就好吃。

　　我伸手在我先生和孩子們的眼前晃了晃，試圖把他們的視線從肚皮舞孃的身上拉回來，卻收效甚微，最後終於有反應了，回頭告訴我大家都吃飽了。

　　嚐一嚐總可以的吧？不，吃飽了就是吃飽了，多一口也不吃。

　　這是他們的一貫作風。我知道勸也沒用，只好自顧自地吃起來。

　　其實我也很飽了，只是看著眼前這一堆付了錢的東西不吃丟掉覺得可惜，硬要塞一些進自己的肚子。我先生常常笑我這個毛病是「有意跟自己的腸胃過不去」，是「自虐」，我反駁他是「浪費」，還提醒他想一想非洲的婦女和兒童。孩子們則站在爸爸一邊，說「媽媽是家裡的垃圾桶。」

　　我沒話可說了。我是家裡的垃圾桶，我是家裡唯一捨不得將剩菜倒掉，留起來放進冰箱準備下次再吃的人。孩子們當然不理解了，他們從來都不會想到我小的時候，買肉買糖買油從來都要憑票限量供應的。

　　我切下一塊鵝肉，放進嘴裡，細細品味，正看到我先生坐在桌子對面瞪著我，臉上誇張地做出驚駭的表情。我頓時忍不住笑了起來，

是的，我不該再吃了，醫生也是這麼說的，「吃飯要吃八分飽，身體健康活得好。」

我放下刀叉，抹抹嘴，將注意力轉向舞台。

餐廳裡的客人顯然多了起來，特別是在肚皮舞開始以後，很多客人湧了進來，要一些飲料，然後坐在桌旁，欣賞肚皮舞。

看來很多人是專為表演進來的。

我聽說，肚皮舞早在法老時期就興起了。先是家庭式的，據說結了婚的女人不僅在臥室和廚房要盡做妻子的義務，而且在客廳裡也有義務跳肚皮舞給丈夫排憂解悶。

說不定這就是為什麼埃及男人需要娶好幾個老婆的原因，各有各的分工。

埃及男人通常不喜歡「骨感」的女人，覺得瘦骨伶仃沒看頭，所以肚皮舞娘的標準身材一般是上部圓潤，下部豐滿，小腹周圍寬大肥腴，抖動起來，顫顫巍巍，才會過癮。

至於服裝嘛，按西方人的標準，算是有點保守，肚臍以下包裹得嚴嚴實實，決不讓人想入非非。

儘管肚皮舞在埃及是一種公開的娛樂，肚皮舞孃的身份仍舊被許多人所不齒。她們中的佼佼者收入豐厚，僱有保鏢，因為常有襲擊者，當然也常有傾慕者。

比如說，我們眼前的這一位，婀娜多姿，臉龐俏麗，顯然吸引了最靠近舞台的一位中年人，那男人目不轉睛地盯著她每一個動作，掌聲響亮而又持久。接下來，我猜想，他一定會讓侍者遞上去一筆可觀的小費，說不定還會邀她喝上一杯。

　　我們沒有看到這一幕好戲，時間漸晚了，孩子們開始揉眼睛打哈欠，於是，我們便匆匆結了帳，走回客房。

7 A 14th Century Bazaar

西元十四世紀的汗哈利里集市

　　沒有被清晨阿訇洪亮的例行報時所驚擾，一覺睡到大天亮，醒來一看錶，已是早上八點鐘了。

　　這真是奇蹟，揉著眼睛想了想，大概是這間酒店為國外客人們安裝了隔音的雙層玻璃，讓人們對宗教的愛好多少有點自由的選擇。

　　我趕緊叫醒其他的人。

　　今天我們就要離開埃及了，不過飛機是晚上十一點的，我們還會有整整一天在開羅。

　　昨天晚上臨睡前，我們草草商量了一下，決定今天是shopping day。

　　這可是百年不遇的稀罕事。

　　我們家四口人裡，我是唯一喜歡逛街的人，每逢外出旅遊，可想而知，我也是那位唯一「少數服從多數」、「局部服從整體」的人。

　　可這一次，當我試探性地提議最後一天去逛街時，我的小女兒馬上意外地響應了，她今年改變了許多，越來越像大女孩了，開始頻繁

地照鏡子，和我討論衣服顏色的搭配，並且喜歡一些漂亮無用的小玩
意兒，所以她對逛商店也漸漸有了興趣。這一下，立即改變了我們家
的民意結構，二比二，再擲一枚硬幣，便有了定局。

　　不過，男人們多少有些不甘心，提出先去郊外的駱駝市場看看，
然後再去逛街。爲的是盡可能地減少逛街的煎熬。

　　我答應了，只要是市場，只要和買賣有關，我總是會興致勃勃
的。

　　開羅近郊有一個叫做Birqash的駱駝市場，是從上個世紀傳下來
的，頗有名氣。據旅遊書介紹，心慈膽小的人最好不要去那裡，這樣
的勸說通常適得其反，正好激發起某些人的好奇心，我先生和我兒子
就是這一類人。

我們叫了一輛計程車，匆匆往城市的西北方向趕去。

四十多分鐘後，我們的車子幾乎開到沙漠的邊緣，不多一會兒，便到了Birqash的駱駝市場。

緊接著，又有一輛越野車也開了過來，貼著我們的車停在空地上，車裡下來幾個背著相機的遊客，與我們打過招呼之後，相繼向集市走去。

還沒走到門口，忽見一隻駱駝從裡面衝了出來，身後緊跟著一個穿長袍的埃及人，一面揮舞著一根木棒，一面用埃及話大聲地咒罵著。

那駱駝根本跑不了多遠，它的一隻前腿被繩子向後彎曲地捆綁著，龐大的身軀緊靠剩下的三條腿支撐著平衡，搖搖晃晃地拼命向前掙扎。

追趕它的埃及人上氣不接下氣，顯然十分惱火，朝著駱駝沒頭沒腦地一陣亂打。

我們全都看得驚呆了，不知道是不是該上前去制止那人的暴行，眾人面面相覷之後，似乎意識到這種事在集市上可能是司空見慣，才遲疑地繼續向門口走去。

我頓時後悔了，不該把孩子們帶到這裡，原本以為是什麼好玩的地方，卻忽略了一個顯而易見的事實，任何物品到了被人買賣的地步，也就意味著到了任人處置的時候。

一進駱駝市場，讓我愣住了。

　　原先以爲市集都是小打小鬧的買賣，就好像雞鴨魚肉水果蔬菜市場。沒想到在這裡，卻是一個如此巨大的批發場地，上百上千的駱駝一群一群地緊挨在一起，不斷地有卡車將外面的駱駝運進來，又不斷地有卡車將裡面的駱駝運出去，頭纏白布的埃及人提著棍棒像蝗蟲一樣四處奔走維持秩序，又是吹口哨，又是大聲吆喝，一片亂亂哄哄，塵土飛揚。

　　我們這才明白旅遊書上說的，Birqash的駱駝市場最不適合心慈膽小的人參觀的意思。

　　我女兒是個典型的小綠黨，平時對所有的小動物都疼愛得不得了，記得有一次我家來了一位時髦的客人，穿了一件漂亮的紅狐短外套，我女兒一反平日見到客人馬上躲到一旁的態度，突然走上前去對那位女士說，「對不起，阿姨，你應該愛動物，而不該把牠們穿在身上。」弄得當時所有人都非常尷尬。

　　而我瞬間意識到，孩子們的心是多麼敏感。

　　從那以後，我開始格外注意自己的言行。比如說，看到有蜜蜂飛進室內，別把它打死，而是開窗戶將它放出去。遇到路上受傷的小貓小狗，別繞著它們走開，而是及時將它們送到附近的寵物醫院。到國家公園散步時，不要撿拾掉落在地上的堅果，那是大自然留給昆蟲們的貯存過多的食物……。

　　此刻，她緊緊地攘著我的胳膊，不停地顫抖。

　　我這會兒更加後悔了，特別是看到那些無助的駱駝，全部被人用粗麻繩將右前腿殘忍地向後彎曲地捆綁著，毛絨絨的大眼睛流露出驚惶和顧盼，覺得心裡一陣陣悸痛。

　　我輕聲地安慰我女兒，別擔心，駱駝們被這樣捆住前腿是為了不讓它們逃走，只是暫時的，一會兒有人將它們買走時，就會將繩子解開。人們把它們買回去，是為了幫助自己在沙漠裡馱東西，我相信它們的新主人會愛它們，就像對待自己的家庭成員那樣。

　　其實我知道，大多數從這裡拉走的駱駝會直接送到屠宰場，可我不想現在告訴我的女兒，還是留待她長大，自己再慢慢地發現這個世界殘忍的一面吧。

　　我們繼續往裡面走了走，看到更多的套院，更多的駱駝，更多的埃及人大聲地討價還價，更多的糞便和乾草混和的味道，更多的卡車忙碌地進進出出。

　　大多數人以為埃及盛產駱駝，其實是誤會。埃及本身並沒有多少駱駝，全靠周邊的國家輸入。最大的來源是南部的蘇丹，沿著一條古

代販賣奴隸的驛道，成隊的駱駝一步一步走到開羅，這條路因此被叫做「Forty Day Road」。整整四十天！

即使如此，卻極少有駱駝倒斃，它們背上的駝峰並不像人們所說的那樣，直接儲存著水和草，而是由水和草轉換而成的脂肪，這些堅忍的動物就是靠這團脂肪，在兩三個月沒有食物的情況下仍能繼續生存。此外，老天爺還使它們比地球上所有的其它動物多長出一層透明的眼皮，讓它們在大風瀰漫的沙礫裡也能照舊行走。

我可以想像，在無邊無垠的荒漠之中，一長串連綿不絕的駱駝，頂著烈日，邁著緩慢的步伐，枯燥地長途跋涉的景象。

牠們中的許多並不知道自己正步入死亡。

我突然很想離開這個市集。全家亦然。

下午去逛街，整個感覺與上午截然不同，充滿了趣味和快樂。

我們去的地方叫做Khan al-Khalili汗哈利里集市，是開羅城裡最大的自由市場。過去曾是法特梅三朝後裔的墓地，中世紀以後，漸漸成為東西方商人們往來貿易的聚集之處，1382年，販賣馬匹發了大財的商人Garkas al-Khalili，出資將原有的街道重新整修，於是成為今天這樣一個頗具規模的正規集市。

原先的買賣地界僅限於Al-Muizz li-Din Allan 和Modan Hussein道路之間，後來經過無數世紀的擴展拆遷，如今的汗哈利里已經像潮汐一樣蔓延了周圍的大片街道，號稱是整個中東露天市場的「名勝」。

我們剛從計程車裡出來，便四處尋找賣T恤的貨攤，想逛街時在

身上套上寫有No Baksheesh的衣服，以便減少遭受騷擾的機會。

不料，賣T恤衫的攤位倒是不少，卻沒有一處賣No Baksheesh的，看來汗哈利里的小販們齊心合力，就是讓我們逃避不了放血，本來嘛，買東西吃食物享受服務就應該付小費，天經地義。

我選擇了「識時務者爲俊傑」的作風，決定放棄買襯衫的念頭，好好逛街。

這時我聞到了一股非常熟悉的味道，甜絲絲的，使我想起北京冬天的古老街道。烤馬鈴薯？對，正是烤馬鈴薯的味道。

我環顧左右，在路邊的一個攤子上，看到了一個又圓又大的鐵皮爐子，爐子的主人正從熱氣騰騰的爐膛裡往外掏出烤熟的馬鈴薯。我頓時驚喜得說不出話來。

眞沒想到，在離開中國十萬八千里的異國土地上，居然與故鄉的美味狹路相逢，而且，就連那出爐的方式都一模一樣。這世界怎麼會這樣小！掰著指頭算一算，我有多長時間沒有吃烤馬鈴薯了？整整五年。最後一次吃烤馬鈴薯，是舉家從雪梨遷往阿姆斯特丹的途中，在北京稍作停留，正逢冬季，是上個世紀的事了。一九九九年底嘛。

我高興得搓著雙手，顧不上招呼我先生和孩子們，便徑直擠到鐵皮爐子跟前買了一大塊烤馬鈴薯，迫不及待地剝開皮，顧不上燙嘴，結結實實地咬了一大口。

眞香啊！

儘管有五年沒有吃到烤馬鈴薯了，那從小就熟悉的又甘甜又熱呼的味道，仍舊親切得讓我差點流出眼淚。等到我們家的那三位東張西望地找到我時，我已經幾乎吃掉了一大半的馬鈴薯，周圍的人看到我

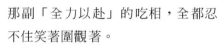

那副「全力以赴」的吃相，全都忍不住笑著圍觀著。

　　我先生和孩子們趕緊拉著我落荒而逃，可我，還惦記著再買一塊烤馬鈴薯留到晚飯時吃呢。我開始抱怨他們，若是我們每年回中國時，不是總在夏季，而是有時在冬季，我也不至於這樣嘴饞烤馬鈴薯、還有糖炒栗子、冰糖葫蘆、凍柿子，……。

　　可他們，顧左右而言它，假裝沒有聽到，自顧自地逛起街來。

　　汗哈利里集市果真不小，中間一條主要街道，兩側伸展出數不清的支道，支道裡再延伸出眾多的小巷，刁鑽古怪，相互連接，如同一棵老樹，攤手攤腳地向四面八方肆意擴展。

　　而且，就像旅遊書裡所說的，在這裡能買到世界上任何一樣東西，從黃銅器皿，到金銀首飾，乃至中古家具、地毯眼鏡、香水燭

台、紙莎草紙、香料煙袋、閃族服飾、仿古鐘錶，壁畫玉器、皮貨墓碑⋯⋯，當然，還有中國烤馬鈴薯，全都洋洋灑灑地散落在幾十條街巷的上千家小店裡攤位上。

我女兒說，去銀器店吧，她想買一個Cartouche，就像她班上瑞士同學去年從埃及回來後送給她的那一個。

我說，好啊，我也正想買一個，據說這種仿照地下出土的法老們的Cartouche做成的雙面小銀墜非常流行，正面可以刻上自己的名字，反面可以刻上自己名字的埃及甲骨文，非常個性化，也可以刻上朋友的名字，是很不錯的小禮物。

我兒子馬上接話，也要去銀器店，說是買一副銀質的筷子。他最近正在看一本有關中國古代史的書，聽說中國的皇帝吃飯前，讓僕人用銀質的筷子先嚐一嚐飯菜，若是有人下毒，便能從銀筷子上顯示出來。他好奇得不得了，也想給自己買這麼一雙銀筷子，出門時帶在身上，外出就餐便可以測出食物變質了沒有。

我聽了覺得好笑，但沒有表示什麼，孩子們有時想法可能怪怪的，但最好是不動聲色不去嘲笑他們。

我先生還沒有來得及開口，旁邊的走上來一位埃及年輕人，哈囉，我可以幫你們什麼忙嗎？

不，不，謝謝，沒有小費。

他愣了一下，隨即又笑了，說他沒有別的意思，在旁邊走路聽到我們說去買銀器，而他又碰巧知道賣銀器的街道，就在這兒附近。

他是個機靈人，顯然不是「碰巧」聽到我們的談話。

我們沒有再推辭，跟著他穿過兩三條小巷，便到了賣銀器的地

方。

　　這是一條相對安靜的街道，大大小小的店鋪緊緊地挨在一起，都是賣銀器的，從銀耳勺到銀夜壺，鋪天蓋地的擺滿了櫥窗，一些遊客在不同的店鋪裡魚貫出入。

　　帶我們過來的埃及人說，去他兄弟開的鋪子看看，當天正在打折。

　　我們明白「兄弟」的含義，埃及人血脈廣闊，關係親近的都可以稱兄道弟。至於打折，相信是一句讓人聽著舒服的頻繁用語。

　　我們隨那人來到一家相當寬敞的店鋪，馬上受到熱情的接待，聽說我們對Cartouche銀墜感興趣，老板立刻拿出幾種花樣字體，供我們選擇，並告訴我們，他店裡的伙計們手藝很好，只要我們寫下名字，留在那裡，便可繼續逛街，兩三個小時後回來，就可以做好了，保證是925純銀的，童叟無欺。

　　我先生幫我兒子挑了一付銀筷子，我幫我自己挑了一些銀首飾，其中有一個馬眼的胸墜，在埃及博物館曾經看到過，據說是法老們用來避邪的，阻擋所有醜惡的東西接近身體。我並不迷信，只是很喜歡它的那種獨特的形象，修長的一隻眼睛，眉毛和眼線飄逸地向下走勢，很是嫵媚。另外，我又挑了一個埃及人視為生命重現的聖甲蟲，絲絲縷縷的銀線精致地覆蓋了甲蟲的小小身體，非常可愛。

　　因為我們買的東西比較多，店主給了我們很好的折扣，人人皆大歡喜。我們付了一點定金，講好兩個小時以後回來取我們的Cartouche，便滿意地離開了店鋪。

出了銀器街，面臨放射狀的幾個巷子，我們猶豫不定，不知道朝哪裡邁腳，便信步拐進一條街，才發現原來是賣香水的地方。我們家的那三位轉身便往外走，我卻叫住他們，說要進去看看。

　　他們停住腳一臉疑惑地看著我追問，你進那裡幹什麼？你從來不用香水。

　　他們說的沒錯，我很少用香水，可那並不表明我不喜歡香水，不知道他們之中有誰注意到沒有，特別是我的先生，我之所以不用香水是因為他那天生的倒霉鼻子，任何異香都會使他過敏並且不停地打噴嚏。與他結婚以後，我就自動與香水敬而遠之了。

　　可就天性來說，有哪一個女人能抗拒得了香水的魅力呢？我雖然不常用，卻仍舊迷戀它們，並且時刻不忘記注意她們。我也是女人，儘管一向喜歡素面朝天，但是對好看好聞的東西也是情不自禁為之心動的。平時，我也珍藏那麼幾瓶「珍貴」的香水，一年之中會有那麼一兩次非常特殊的時候，用指尖輕輕蘸上一些香水，點在耳根和髮際，或是學著電影裡那些靚女們的樣子，噴在空氣中，探身快速閃過，讓千千萬萬的清靈氣泡漫不經心地裹在身上。

　　帶著這種若詩若夢的美好回憶，我邁步走進一間香水店。

　　老闆娘竟然是個有著濃重英國口音的白種女人，四十多歲，很懂得穿衣之道，將自己打扮在一種既追隨時尚又合乎年齡。我想她大概是那種喜歡到處飄泊四海為家的「新吉普賽族」，遊歷到埃及便被這裡的異地香氛迷戀了，無論如何立志扎根下來，印度和尼泊爾有更多

的這類人的足跡。

　　我對她笑了笑，說只是隨便看看，並不一定買東西。她對我見怪不怪地客氣地擺擺手，意思是請便。我於是自顧自地在店內仔細地瀏覽了一遍，我先生則有一搭沒一搭地與老闆娘閒聊起來。

　　我知道埃及是世界上最早使用香料的國家，他們在神廟裡焚燒香煙，以此去除祭奠供果的腐爛味道；在木乃伊身上塗滿香料，用來防腐殺菌；在陵墓的牆壁上記錄著派遣大批船隊到海外尋找藥的經過……。並且，還將此風氣迅速傳播，風靡了整個阿拉伯地區。

　　使用香草鮮花提煉其精華，據說，是埃及人的獨特經歷。人們用油浸泡帶有香味的植物，再用紗布過濾。或者，將新鮮的玫瑰花瓣一點一點地揉進動物脂肪裡，長久地保存它們的香味。乃至若干年代以後，發明了蒸餾法，又開始大規模地種植花圃，提煉出了罕見的香精。十字軍東征時，許多兵士們為妻子帶回這種令他們驚異不已的香精，埃及的香料從此傳入歐洲。

　　當然，最終將香水的製作引到巔峰的還是法國人。這個生性喜愛享樂的民族，朝野上下一致著迷於香水的魅力，於是香水業在法國發達起來，以至於今天這樣的獨領風騷。

　　埃及的香水業卻因技術和設備的陳舊，漸漸失去競爭力，最後只能為巴黎香水提供原料。真是三十年河東，三十年河西，不進則退。

　　此後的一個小時，我們便在縱橫交錯的小巷子裡隨意閒逛，順手買一些有趣的東西，不過，再也沒有碰上第二個賣烤馬鈴薯的攤子，

倒是歪打正著拐進了埃及人最常去的水煙館街。

　　說是歪打正著，有點不夠誠實，實際上，還沒走到街口，我們就聞到了一股好聞的水果糖似的味道，身不由己地循著這味道，便走進了水煙館街。

　　早就聽說過埃及人愛吸水煙袋，百聞不如一見，在這條狹窄彎長的巷子裡倒是不期而遇。一排排敞開的店堂，門外擺幾個桌椅，三五個人圍坐在一起，一邊悠閒地聊天，一邊不慌不忙地從身旁人的手裡傳遞同一隻水煙壺，你一口我一口地吸著，享受著。也有獨自一人坐在那裡吸煙的，手裡端著水煙壺，吧嗒吧嗒地吸上一通，然後靜靜地坐上半晌，眼神朦朧地想著心事。

　　我從小生長在一個煙霧繚繞的國家，旅居國外以後，周圍空氣清新了許多，可我記憶中至今深藏著那些揮之不去的熟悉景象，一根根小而短的白色「粉筆」，被男男女女漫不經心地叼在嘴裡，火星明滅，吐出團團煙霧，嗆得方圓一公尺以內的人們喘不過氣來。

　　埃及人吸的水煙可沒這麼嗆，非但如此，而且還有著濃郁的香噴噴、甜絲絲的味道。據說是因為在煙草裡加入了70%的乾果和蜂蜜，許多時候人們還在煙壺的底座加入混有果汁的水，像蘋果汁、櫻桃汁、葡萄汁、石榴汁、檸檬汁，多種多樣，讓鼻子和口腔同時享受煙草的樂趣。

　　那香甜的味道瀰漫在街巷上空，引得我也忍不住上前買了一盒蘋果煙草，準備夏天回北京時帶給我爸爸，讓他也嚐嚐埃及人又吸煙又吸水果的感覺。希望聽到他說，唔，味道好極了。

　　他說不定又加上一句，你明年還會不會去埃及，再給我帶上幾

盒。

　　想到這兒，我不禁又轉回到剛剛走過的一家水煙壺店，想著是不是也該買一隻道地的傳統埃及水煙壺，孝敬我的老爸。

　　埃及的水煙壺，sheesha，絕對可以當作特種工藝品買回家去。因為它精緻、漂亮，有點像是拉長身子的義大利咖啡壺，造型十分奇特。

　　通常，一隻水煙壺是由四部分組成的，壺身、煙碗、煙管，和煙嘴。

　　壺身是水煙壺的靈魂，有玻璃製的和陶瓷製的兩種，細長頸水瓶的形狀，講究的會描繪金絲銀線，或是鑲嵌珊瑚瑪瑙。我比較喜歡玻璃製的壺身，不要任何多餘的裝飾，通體透明，宛若水晶，當壺底上水以後，便可以清楚地看到瓶內活蹦亂跳的氣泡，慢慢地等待過濾燃燒的煙草噴出灰燼，同時享受噗噗作響的熱鬧氣氛。

　　壺身的上面便是煙碗，黃銅最為般配。煙館的小僮俐落地為客人放入燒紅的炭塊，焦黃的煙葉便緩緩地燃燒起來，為了擋風保護火苗，煙碗上通常附有一個小巧的圓錐形的帽子。

　　連接壺身的是蛇一樣柔軟彎曲的煙管，也有的狀似長笛，只是發出的聲音沒有長笛那般浪漫，有點悶聲悶氣，可以催眠。

　　煙管的末端自然是煙嘴，有木製的，有金屬製的，也有天然琥珀製的。我突發奇想，要是哪位有錢的老爺，正在用考究的琥珀煙嘴吞雲吐霧的時候，偶爾低頭細看，突然發現一隻凝固在橙黃色琥珀裡的

上世紀蒼蠅，是會嚇一跳呢？還是覺得挺好玩呢？

我托起一隻水煙壺，well，沉甸甸的，分量不輕。

要不要買一個回去？恐怕一路上都要為它受累操心，不想這樣勞役自己，只好重新又將它放了回去。

晚上回到酒店時，已是大包小包，滿載而歸了。

我們的飛機是深夜十一點鐘的，還有足夠的時間在酒店吃晚飯。不用說，我們全家意見一致，又來到昨天晚上用餐的同一間餐廳Egyptian Night。

不過這一次，我們聰明多了，沒有再要任何前菜，而是直接點了主菜。我女兒要了一份奶酪烤餅，灑滿了碧綠的菜葉和雞絲，誘人而又噴香。我兒子要了一份燒烤拼盤，配上熟透的紅番茄和黑亮的野生山菇。我先生要了一份填有洋蔥碎末，葡萄乾，果仁做餡料的燜羊肉卷。而我，要了一份用橄欖油和檸檬汁烹製出來的炭燒乳鴿，當然，我沒有讓我女兒知道我吃的是鴿子，而是告訴她是筍雞。

埃及的最後的晚餐，全家吃得盡情盡意。

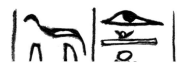

8　A Syndrome Through The Centuries

世紀遺傳症

直到坐上了飛機，我仍舊不願面對現實，我們的假期竟然這樣快結束了，我們正在離開埃及。

可我們還有那麼多地方沒有去，還有那麼多東西沒有吃，還有那麼多秘密沒有弄明白，還有那麼多……。

Don't go to Eygpt！

別去埃及！

不然的話，你會像我現在這樣，坐立不安，失魂落魄，兩眼發直地盯著飛機底下那片漸離漸遠的土地，心裡湧動著千頭萬緒的惆悵和遺憾。

據說，我此時此刻這種說不清道不明的非正常表現，是一種世紀性的遺傳症。

早在1842年，法國學者馬里埃特就警告過世人，說埃及的象形文

字就像是一隻鴨子，是相當危險的動物，咬你一口，便會中毒，一輩子陷在裡面不能自拔。

他本人就是因為好奇被這隻鴨子咬住不放，以至於後來落得放棄婚姻、家庭、不錯的工作和收入，孑然一人跑到埃及，在黃沙風塵中又是發掘孟菲斯神牛墓，又是創建埃及博物館，傾盡畢生精力，不惜奉獻自己所有的美好歲月。

英國的考古學家霍華德卡特，也是像中了魔一般，繼馬里埃特之後，放著好好的畫家不做，千里迢迢跑到埃及，在野山田間四處跋涉。並且固執地相信帝王谷的荒嶺裡不可能沒有隱匿下來的法老陵墓，即使歷經了幾個世紀的盜墓者們的洗劫，那神秘的陵墓一定仍在靜靜地等待他或他的後人們去發現。然後就在那麼一天，全世界都記得那個令人震驚的日子，他終於奇蹟般地找到了十八王朝法老圖坦卡門的陵墓，了結了自己的夙願。他甚至直到臨死那一刻，都不可救藥地迷戀著自己消耗了大半生的土地，讓人們將他的屍骨埋在圖坦卡門墓穴門口附近的山頭上，日夜與他念念不忘的法老共眠相守。

還有，破譯埃及甲骨文的法國人商博良；

探險家英國人威廉・彼惴（William Flinders Petrie）；

考古投資商人卡納馮伯爵（Lord Caenarvon）；

古代學者丹麥人佛萊德・諾頓（Frederick Norden）；

深海探險家法國人佛蘭克・高迪（Franck Goddio）；

著名畫家英國人大衛・羅伯特（David Roberts）；

……

許多許多滿懷光榮與夢想的外國人，在十六世紀康斯坦丁皇帝將

埃及的大門為世界打開以後，便前仆後繼地踏上這塊神奇的土地，在法老的咒語的吸引下，執迷不悔地探究著古老的廢墟的祕密，然後永遠地失去了自己。

莫非，我也染上了這種世紀遺傳症？

我先生在我旁邊伸手戳了戳我，問道：「想什麼呢？又做白日夢了嗎？」

我神情仍舊恍惚地說：「我沒有做夢，而是在計劃，什麼時候再來埃及。」

「這分明是夢話。」我先生揶揄著。

Who cares。

反正我知道，我會很快再回來的，我需要補充太多的東西，就像身體有時需要補充太多的維生素那樣。

譬如說，我應該去……

亞歷山大港

我想要去亞歷山大港，不僅僅因為它是非洲的第一大海港；不僅僅因為它是最不埃及的埃及著名古希臘式城市；不僅僅因為它曾經自豪地擁有過世界上最大的典籍文卷圖書館；不僅僅因為它建築了末代君主法魯克壯美無聊的多宮和夏宮；不僅僅因為它長年向遊客炫耀一棟令人眼花繚亂的珠寶博物館，還得意地展示出穆罕默德皇宮內就連花園的工具都不惜用真正的鑽石來鑲嵌的奢華；不僅僅因為它出土了一座大型的古羅馬歌劇院，隨後出土了一個與之相連的古羅馬浴室，

緊接著又出土了一系列托勒密時代的整條街道商店拱門石柱圓廊，然後突然意識到不能再繼續出土了，否則的話，整個地面上的現代城市都會因爲將出土的舊都而被拆除；不僅僅因爲它有過地球上最高的大理石燈塔，埃及人曾經爲它得意了將近兩千年，當然嘍，要知道它那足足有現代樓房四十層的高度是在西元前三百年時就疊起來了！不過最終沒有躲過十四世紀那場驚天動地的大地震的搖撼，悲壯地傾塌了下來。更不幸的是，敗家子Qaitbey蘇丹，竟下令用它傾塌下來的大理石在原址上蓋起了一座莫名其妙的城堡。大不列顛，德國，法國，奧地利，捷克，都有的是城堡，比它可壯觀多了、古老多了，後世的人們想要的是那個曾經獨一無二地照耀了千年晝夜的燈塔，哪怕它是一片廢墟呢，那也是世界上七大奇蹟之中最後一個遭受毀滅的古廢墟！現在倒好，人們從世界各處大老遠的跑來，只能呆呆地望著那座愚蠢的Fort Qaitbey城堡大聲嘆氣。

　　No! No!

　　我要去亞歷山大港，是爲了克麗歐佩特拉，這位古埃及最後的一位法老，被世人毀譽參半地爭議了二十多個世紀的「埃及艷后」，卻始終是我心中不可動搖的偶像。

　　可惜的是，好萊塢的電影製片人爲了商業利潤，選了當年青春貌美的伊麗莎白‧泰勒來演繹女法老克麗歐佩特拉，結果人們的焦點自然是聚集在埃及艷后傾國傾城的外貌和她與幾個情人之間的纏綿愛情故事裡。可是克麗歐佩特拉，我是說歷史上眞實的克麗歐佩特拉，她的非凡的勇氣和深刻的智慧，都在伊麗莎白‧泰勒嘴角上浮起的嫵媚笑意裡，漸漸地淡化了。

　　於是，克麗歐佩特拉本人到底美不美，便成爲世人經久不衰的話題，乃至直到最近，英國一家報紙又無厘頭地重新拾出這個老掉牙的論爭，說他們有「確鑿證據」，是從一張最新出土的舊圖像得來的，眞人克麗歐佩特拉其實一點也不美，她又矮又胖，皮膚粗糙，笑起來滿嘴壞牙，甚至還長了一個難看的鷹鉤鼻子。

　　我對克麗歐佩特拉到底是美是醜，一向不大感興趣。可英國的這篇報導卻有點激怒了我。試想一下，如果克麗歐佩特拉眞像他們所形容的那麼醜陋，什麼可能會迷住羅馬帝國兩個最偉大、最強壯的將領凱撒和安東尼呢？他們最初相遇的時候，克麗歐佩特拉可是最倒霉最失意的時候。其實，這些都不重要，能夠吸引身邊美女如雲的兩代羅馬統治者的克麗歐佩特拉，應該是除了容貌端正，還具有其它非凡不俗的品質，以及，當然嘍，運氣和緣分。

　　看過電影《埃及艷后》或是讀過瑪格麗特・喬治的小說《克麗歐佩特拉傳》的人都會或多或少記得她的故事。

　　克麗歐佩特拉是托勒密（Ptolemy）王朝的第七代法老，她本人和她所屬的王朝一樣，並不是埃及土生土產。

　　西元前356年，馬其頓國王亞歷山大大帝（Alexander the Great），攻陷了埃及，並在亞歷山大港建都稱帝。亞歷山大之所以偉大，就因爲他深諳懷柔之道，懂得「得人心者得天下，失人心者失天下」的韜略，他登基的第一天，便宣布尊重埃及原有的信仰，供奉法老們的神明，沿用埃及傳統的方式治理國家，並大興土木建造了一批神廟。所有的這一切，使得埃及人沒有喪家辱國的憤怒和失落，彷徨了沒有多久便半推半就地接受了希臘人的統治，並且接受了長達三百多年之

久。

　　克麗歐佩特拉便是托勒密王朝第六代法老的女兒，十八歲時，與她的弟弟一同繼承了王位。

　　這對克麗歐佩特拉來說，多少是不公平的。倘若她不是個女孩子，她便自然而然地在法定年齡時獨攬大權，而不是與人分享。

　　克麗歐佩特拉那時畢竟過於年輕氣盛，仗著自己會說五種語言：希臘語、拉丁語、希伯來語、亞拉姆語，和埃及語，並且通曉天文地理，多才多藝，便不把她的弟弟和滿朝文武大臣放在眼裡。她派人四處在古建築物上抹掉她弟弟的名字，向世人表示只有她才是唯一應該執政的長官。

　　她的做法自然激怒了眾人，克麗歐佩特拉很快被大臣們聯合彈劾，驅逐出境。

　　克麗歐佩特拉的對手們顯然低估了她的能力和野心，沒有料到她會迅速地捲土重來。如果當初人們狠心將她囚禁或是處死，那歷史將會是別樣風景。

　　果然，當羅馬大將凱撒占領埃及不久，克麗歐佩特拉便在一個月黑風高的夜晚化裝成女僕，進入皇宮密見了凱撒大帝，請求得到他的庇護，讓她重新奪回王位。

　　凱撒接納了克麗歐佩特拉，不知道是因為她的容貌、她的膽量、她的野心、她的自信、她的聰明，還是因為他的新政權當時確實需要一位受惠者死心塌地地幫他維護，總之，她打動了他。二人一拍即合，一見鍾情，一結婚便生下了孩子，一起聯手使羅馬和埃及成為當時最強。

克麗歐佩特拉重新回到了法老的寶座，一人之下，萬人之上，比過去更加威風和顯赫。《埃及艷后》的壯觀場面相信許多人仍舊記憶深刻，克麗歐佩特拉進入羅馬城邦時，坐在一只巨大的人面獅身像座上，八千名侍衛前呼後應，羅馬人傾城出動，男女老少爭相目睹這位埃及女王的風采。

可惜，好景不長，凱撒在與元老院的多次爭執中，被宿敵們密謀刺殺了。

克麗歐佩特拉不得不打點行裝，滿懷悲痛地返回埃及。而她臨行前回眸一顧的凄美身影，竟深深地震撼了凱撒的繼承人安東尼的心，使他也身不由己地愛上了她。

六年以後，安東尼從羅馬趕到埃及，正式娶克麗歐佩特拉為妻，全然忘記自己已經與羅馬的另一位執政官屋大維的妹妹訂了婚，這自然激怒了許多人。他們以安東尼將羅馬人辛苦打下來的阿拉伯半島送給克麗歐佩特拉做禮物為藉口，在希臘外海的亞克辛木討伐他。

安東尼不幸戰敗，刎頸自殺，克麗歐佩特拉聽到這個消息之後，也在自己的寢宮用毒蛇結束了生命。

她拒絕投降。

古埃及歷史從此劃上了令人遺憾的句號。

可這位傳奇式的女法老曾經一度輝煌過，對不對？我要到亞歷山大港就是要到那細密白沙的海岸，對著湛藍的大海深處——那裡面靜靜地躺著埃及女王曾經住過的宮殿，說一聲：「克麗歐佩特拉，我來了。妳不認識我，這沒關係，可我知道妳，而且我承認你是歷史上一位了不起的女人，你推遲了一個王朝的覆滅，十八年吶，這足以使一

個嬰兒長大成人，你眞偉大！」

　　然後，如果還不盡興，我再用英文爲她念一段法國作家Theophile Gautier的評語，「她是迄今爲止存在於這個世界上的最完美的女人，是女人中的精粹，是女王中的佼佼者。」(She is the most complete woman ever to have existed，the most womanly woman and the most queenly queen)。

　　這就夠了！

塞溎 （**Siwa Oasis**）

　　沒有多少旅行者去過那裡，可是我想試一試，看看自己到底有多能耐。

　　塞溎距離開羅五百五十公里，幾乎是從阿姆斯特丹到柏林的路程，卻沒有歐洲那樣平坦順暢的高速公路，哪裡除了黃沙，便是大漠，它是一個幾乎與世隔絕的沙漠綠洲。

　　這後兩個字最具有挑逗性，「綠洲」！

　　是的，塞溎的神奇之處就在於它是那種本來沒有生命和希望的地方，卻生長出生命和希望。

　　這要感謝從地底下鑽出來的三百處泉水和小溪，它們悄悄地滋養了數萬株棗樹和橄欖樹，和一群不知文明和繁榮爲何物，甘願過著幾千年不變懶散生活的埃及游牧民。

　　那兒還有一座中世紀的城鎮廢墟，遠看好像是一片傾塌的古代宮殿，遺世獨立地佇立在塞溎的中心廣場上。如果你習慣將人們圍住著

的中心空地稱爲廣場的話。

它是我冒險前往的終端目的地。

當然，再順便去一趟塞窪博物館，那裡有草率收藏著的塞窪游民服飾，墜著銀片銅片的裙子和珠寶，以及在別處見不到的酷手工藝品。

除此以外，我不知道還會有什麼。

阿斯旺（Aswan）

很多人想到埃及來，是因爲他們念念不忘《尼羅河慘案》留給他們的驚慄印象。

如果是這樣，那就值得到阿斯旺來。它有一個古代的採石場，有一個世界上最大的方尖碑，有一個被人們從彼島搬到此島的神廟群殿，還有的就是尼羅河上白帆點點的旖旎風光，和毒蛇突然竄將出來對著你的小腿逼視的恐怖景象。

尼羅河慘案的許多外景就是在這裡拍的。

採石場在阿斯旺南面一點五公里處，是古代埃及最大的採石場。它出產一種特殊的堅硬無比的花崗石，沿著尼羅河水，輸往埃及各地。採石場中有一個哈采普蘇特時代的半成品方尖碑，重達一千一百九十七噸，還沒有來得及雕上象形文字和圖案，就被莫名其妙地半途而廢了。

這個方尖碑到底是爲誰在樹碑立傳？將要運往何處？什麼原因使它遭到遺棄？沒有人說得清這其中的眞實故事。

於是它便蒙上一層特殊的色彩，具有了無比的吸引力。

我也想要湊湊熱鬧，去拜訪一下古碑，讓它那躲在縱橫著裂紋的軀幹裡的靈魂，如果它有靈魂的話，得到更多的安慰，這世界上還有這麼多的人在惦記著它。

此外，還有一個有趣的地方就是Temple of Philae。

Philae的諧音，聽起來就像是中文的「飛來」，這就立刻變得生動了，讓人情不自禁地想笑。

「飛來」這個神廟原本不在這裡，而是座落於Philae島上，從法老時期一直到基督教時期，都是當地人膜拜女神Isis的聖地。

1902年的時候，人們開始在附近修築阿斯旺大壩，攔截的河水無處可去，便淹到Philae島上，使神廟群殿的大半部泡在了水裡。

那時候，人們一心想的是要治理河水，要擁有世界上最大的水壩，沒有留意Philae的建築存亡問題，而且埃及的神廟實在是太多了，沿著尼羅河兩岸，就像隨手灑的種子似的，到處都是，不差那一個。

沒過多久，人們發現原有的大壩不夠用，洪水時常還會沖過堤岸，於是1960年又開始籌建一個更高的巨壩，這一次終於有人開始關注古老建築的存亡了。

一個由世界上最出色的考古學家和水利專家們組成的團體，匯集在阿斯旺策劃指揮了一出現代史上「人定勝天」的正劇。他們先是築了一道圍牆，將神廟裡原有的積水抽乾，然後將巨大的建築拆成四萬五千個石塊和一百多個石柱，再用了八年將Philae神廟從原來的小島搬到附近另一座地理環境相似的Agilika島上，重新組裝，居然造出了

一個一模一樣的Philae神廟。

想想看，這有多了不起！

這樣神奇的東西，整個世界是不多見的，我能不去一趟嗎？

據說，從六十年代到八十年代，在阿斯旺地區，共有大大小小二十二座廟宇被這樣化整爲零化零爲整地大規模遷徙過。

這就使得阿斯旺之行更充滿了誘惑力！

阿布辛貝爾（**Abu Simbel**）

除了阿斯旺的古蹟被人們大膽地折騰過以外，離它三百公里遠的阿布辛貝爾神廟，拉美西斯二世最得意的傑作，也被如法炮製了一番，只不過人算不如天算，最終還是留下了一處不小的遺憾。

看過這個建築的人，都佩服得五體投地。

這是因爲，早在西元前一千三百年，古埃及人就已經非常聰明，他們能巧妙地運用天文地理數學星象，將神廟裡的雕像安放在如此恰當的位置，以至於每年當中的兩天黃道吉日，太陽的第一縷光輝能夠穿過六十多米深的廟廊，不偏不倚地正正照射在拉姆西斯雕像的身上。這兩個黃道吉日，一個是他的生日，二月二十二日；一個是他的奠基日，十月二十二日。

這可真是厲害！

如果不是因爲建築阿斯旺大壩，阿布辛貝爾神廟也遭到了大水的淹沒，它可能會千秋萬代原封不動地繼續屹立在那裡。

可惜……！

爲了修大壩，聯合國教科文組織不得不召集了地球上出色的科學家們，集合在阿布辛貝爾神廟原址現場，商量怎樣將原有的建築墊高到淹不到的高度。他們先是將神廟與原來的山體分離開，切割成無數的個體，並將之編號，用覆合樹脂處理，移到比原來的位置高出65公尺的地方，再重新組合。這無疑是一項大膽而又艱鉅的工程，也是對現代技術和智能的考驗。

　　結果，這個考驗卻使許多人失望。

　　神廟是被安全地墊高了，也被成功地重組起來，旭日的第一縷光輝也如願以償地一年兩次地從大門射入，籠罩在拉姆西斯雕像的身上，只是，整整延後了一天！使從前被人們驕傲地說出來的這句話「幾千年來，神光準時地穿過隧道找到拉姆西斯的臉上，引來萬眾瞻仰」，大大地打了折扣。

　　多麼令人沮喪！

　　不過，沮喪歸沮喪，如果來埃及，還是值得到這個最南部的城鎮看看的，親身體驗一下早起隨著黑壓壓的遊客擠在阿布辛貝爾神廟前，踮著腳尖爭相觀看太陽的燦爛金光，剎那間照射在拉姆西斯身上那刻驚心動魄、萬眾歡騰的場面。

西奈半島（**Sinai-Red Sea Coast**）

紅海邊上的西奈半島，是潛水愛好者的天堂。

　　世界上並不是只有西奈才可以潛水的，澳大利亞的大堡礁、美國的夏威夷、南太平洋的諸多島嶼，都可以漫遊海底，我們也已經去過，甚至還乘坐過二次大戰的潛艇到過海洋的深層，觀看慵懶的魚群在生鏽的艦船裡寂寞地游來游去。

　　可是，當聽到「內行人」說，西奈半島的水質和海底環境是最讚的，還是立即勾起了我的好奇心和不服氣。

　　因為它所處的極其特殊的地理環境。三面環著沙漠，終年少雨，又沒有任何一條河流匯入，所以海水特別乾淨，陽光直透深處。

　　況且，西奈半島不止有海灘、珊瑚礁，和夢想中的海底世界，而且還有好幾處中世紀的修道院。在黃沙碧海之間，而不是在阿爾卑斯山麓，你會忽然瞥見聖凱瑟琳（St Catherine's Monastery），聖安東尼（St Anthony's Monastery），和聖保羅（St Paul's Monastery）等大修道院的純粹歐洲風格的莊重身影，那感覺一定是相當奇特的。

開羅

　　沒錯，還得再次拜訪開羅。

　　因為有兩處地方，吉薩高地和汗哈利里集市，我留下了一些不應該留下的遺憾。

　　首先，到了吉薩金字塔，我為什麼沒有進去呢？哪怕那裡面低矮狹窄，不得不彎腰匍匐前行，哪怕那裡氣悶難忍，不得不呼吸一股說不清、道不明的混合氣味，哪怕到了裡面既看不到法老的遺體，也看不到有價值的陪葬物，只有一個孤零零的冰冷石棺，也應該走一趟才

圓滿。

　　而我飛行了幾千公里，從阿姆斯特丹跑到開羅，又乘計程車從開羅跑到吉薩，來到大金字塔的面前，卻只在它的身邊簡單地轉了一圈，竟然沒有進去，天知道是哪根神經有問題！

　　說不定就是要讓我留下這一個遺憾，以後不得不再回來。

　　所以凡是非常想要做一件事時，要聽從自己內心的召喚，不然很可能事後懊悔，想要再回過頭去重新追補，往往已經事過境遷。我的生活中經常充滿了這一類遺憾。

　　我也很想知道「金字塔能」的秘密，這個話題一度在歐美被渲染的沸沸揚揚。說什麼古代埃及人在設計金字塔的形狀時，特別使它具有一種罕見的能量，這個能量不僅能使死後的屍體木乃伊化長久保存，而且還有其它意想不到的奇異功能。

　　別管我對這種指望天上掉餡餅的說法有多少疑惑，不少科學家們卻對「金字塔能」堅信不移。他們說，金字塔能是不以人們的意志為轉移而存在的，現代科學仍舊太幼稚，所以還不能夠全面地解釋它的「感覺輻射」。

　　也有科學家做過了實驗，用硬紙板按照金字塔的數據和方位，搭成一個底邊相等的微型小金字塔模型，然後把鮮肉啦，雞蛋啦，花朵啦，死去的小動物啦，放進去儲存幾天，最後宣布它們沒有腐爛，也沒有異味。

　　我是個固執己見的人，信仰簡單堅定，除非自己親眼所見，要不然不會相信。

汗哈利里集市我也要再去一次。

倒不是要買東西，而是爲了一個特殊的節日，穆斯林國家的開齋節。

所以，選擇去埃及的日子便很重要。像我們這次，就剛好錯過了開齋節。

齋月的第一天，有點像我們中國的春節，每年的時間不定，因爲是要根據月亮的變化來決定的。通常是由德高望重的老阿訇在之前就必須觀察月亮的形狀，然後宣布哪一天開始齋月，齋月的第一天通常是在國曆的九月份。

我以前從不知道世界上有這種過節的習慣，因爲「節」這個字，給我的印象總是與大張旗鼓地連在一起。儘管我也有幾個回教朋友，但從沒有聽他們提過齋月，大概是開齋節在中國的眾多紅色節日之中，顯得不夠紅的緣故。來到阿姆斯特丹以後，孩子們就讀的國際學校有一些中東的expets的家庭，與那些太太閒聊，偶然地聽說了穆斯林齋月，才對自己生活以外的事物又多了一點認識。

開羅的齋月，據說還要家家戶戶掛上燈籠，是不是大紅燈籠需要進一步考證，爲節日增添喜氣是確定的。這個習慣始於西元973年，當深得人心的法拉蒂士兵們進駐開羅，全城的百姓紛紛手提燈籠爲大軍照明開路，至今已經沿襲一千多年了。

我的計劃是，在Ramadan齋月的最後一天趕到開羅，因爲那時才會看到終於可以重新開戒的盛況。齋月結束的時候，人們不是僅僅躲

在家裡殺雞宰羊大塊朵頤罷了，而是歡天喜地地跑到街上大肆慶祝。其中最壯觀的，要數馬路上的露天宴會。

每一個成年的穆斯林都知道，自己的一生必須要做到「五行」，也就是必須只信奉伊斯蘭教義規定的一個上帝；必須每日祈禱五次；必須按照齋月的習俗行事，必須在有生之年去麥加聖地朝拜一次；必須布施比自己更窮、更不幸的人。

最後一項，正是穆斯林世界所有的有錢人在開齋節期間身體力行的一樁德行。

簡言之，齋月結束的時候，全城的富人要請全城的窮人免費吃上一頓。那種普天同慶的宴席該是何等壯觀，何等熱鬧，何等有趣。據說人丁興旺時，可達到七八十萬人！想想看，這樣罕見的場面，你我豈可錯過。

如果時間容許的話，我還想去Dendara 朝聖象徵愛情和歡樂的牛角女神（Hathor）的神殿；去 Aqaba海灣看看倖存的古城堡；去二次大戰的北非戰場（El-Alamein）憑弔安睡在那裡的一萬多聯軍士兵；去北部沙漠（Farafra Oasis）觀賞被朔風雕刻的奇形怪狀的岩石；去Bahariyya 原址拜訪剛出土不久的一百多個羅馬木乃伊；去租一艘遊艇沿著尼羅河流體驗風餐露宿的野趣……。

我看一眼正在我旁邊雙眼朦朧似睡非睡的我先生和孩子們，發覺如果要完成以上行程，恐怕得在埃及住上一年半載。

噢，這可能不行，這三位上班的上班，上學的上學，看來只有我

自己無牽無掛，花得起這份時間和精力。不過也不錯，把他們三個扔在家裡，我一個人跑出來飛到埃及，從最北邊的亞歷山大港漫遊到最南邊的蘇丹邊境，一路逍遙自在，隨心所欲！可惜這對我來說只是痴人說夢。

記得以前英文課本有這樣一段文章，說是夫妻二人計劃外出旅遊，當想到「who looks after the house, who looks after the cat, who looks after the dog,who looks after the garden, who looks after the……」思前想後，最後決定哪也不去，待在家裡。那時我還不大明白為什麼這世界上有人對身邊的瑣事，如此囉哩囉唆瞻前顧後。做了十五年的媽媽和主婦以後，我才幡然醒悟，有了感同身受的理解。

對我來說，首先要擔心的，是誰給那三位做飯呢？當然，即使我不在家，他們也不會餓著，超級市場有那麼多五花八門的冷凍食品，大街上有那麼多可供選擇的快餐店。可一想到那些飽含著動物油脂、色素、香精、防腐劑源源不斷地進入孩子們的消化管道裡時，我的胃便忍不住痙攣，心痛得不得了。

我悻悻地看了我先生和孩子們一眼，他們卻渾然不知，正搖搖晃晃地閉著雙眼，似乎進入什麼好夢之中。當然了，此時正是半夜，人體的生理時鐘趨向睡眠的時候。

整個機艙裡的人們都在昏昏欲睡，乘務員也已經將所有照明燈熄滅，只留下兩邊走廊的腳燈，發出幽暗的光亮。

借著這一點光亮，我甚至在我先生的嘴角看到一抹若有若無的微笑，他或許正暗暗慶幸，自己這趟埃及之行沒有受到恐怖分子的襲擊、沒有拉肚子，一切都相當令人滿意，金字塔、尼羅河、圖坦卡

門、炭燒小羊腿、肚皮舞……。

　　我將座椅放倒，拉開毛毯，把全身裹得舒舒服服的，也想說服自己抓緊時間睡一會兒。還有幾個小時，凌晨四點我們將抵達阿姆斯特丹。

　　可不知爲什麼，好像有鬼魂附身那樣，我輾轉反側，就是睡不著。我的腦子裡開始了無邊無際地胡思亂想。

　　那金字塔，到底是誰造的？是古埃及人嗎？在五千年以前，人類果然比現在還要聰明，沒用一根木頭，一顆鐵釘，就將巨大的石塊嚴密地銜接起來，連薄薄的刀片都插不進去。

　　人們都叫它金字塔，照我看，倒很像是中國的墳堆，只不過比中國的墳堆大出幾十幾百倍，用花崗岩而不是用黃土堆成的。所以金字塔流傳了下來，供萬人瞻仰，而中國的墳堆則在歲月的摧殘下，夷爲平地。

　　話又說回來了，中國的墳堆是不好看、不壯觀，可裡面是有屍首的，物盡其用，金字塔裡的屍首到哪裡去了？古代法老的木乃伊向來都是放入mastabas裡面的。

　　沒人發現胡夫的屍體。

　　沒人在任何一座金字塔裡發現任何一具皇室木乃伊。

　　這可眞是怪事。

　　看來金字塔不是用來當墳墓用的，那麼它就是個擺設了。成千上萬的人用二十年的時間艱苦地建了一座巨塔，僅僅爲了好看？不可思議。

　　或者就像某些人猜測的那樣，是地球人以外的生命建造的？是外

星宇宙飛船的降落基地？那麼木乃伊呢？有關生死的觀念會不會在未來發生變化？

老一代的科學家們曾經斷言，人類文明史只有幾千年，可如今越來越多的出土的文物顯示，他們對遙遠的古代所做出的估計太保守了。約旦的杰里科發掘的一萬年前的古墓群、卡拉庫沙漠挖出的一萬兩千年前的棺墓、印度尼西亞的蘇比山脈發現的三萬八千年前的山崖洞穴……，都意味著對以往定論的挑戰。

我們是不是該做出更多的假設和推理呢？

我本是個清醒的現實主義者，不信鬼神，不理巫術，可是到埃及轉了一圈以後，我竟然開始用一種游移不定的眼光，一種反覆切換的視角去審視周圍的事物。進一步說，埃及之行不僅使我看到了以前沒見過的景物，而且還改變了我看待這些景物的方法——

方的東西也可能是圓的！

Don't go to Eygpt！

別去埃及。

不然你就回不來了。不是你回不來了，是你的心回不來了。你在埃及看到了越多的東西，就會有越多東西沒看到，你便開始惦記著那些東西，盤算著什麼時候再去看看，著手計劃下一輪的旅行……。

別忘了，這世界上有很多誘惑是會使人上癮的，酒精、香菸、大麻、巧克力、麻辣火鍋、外遇……，旅遊也是其中一項。有些地方去過一兩次也就夠了，有些地方卻令人念念不忘。

　　埃及恐怕就是這麼一個使人不是愛就是恨的地方（either love or hate）。

　　等到你去了一趟又一趟，花費了大量錢財，你然後開始不得不認真考慮是否乾脆住在那兒算了。

　　與木乃伊爲伴，與金字塔爲鄰，悠然自得地度過你的餘生。

　　你願意嗎？

　　I do!

　　只是不知道我們家裡那三位意下如何？

國家圖書館出版品預行編目資料

千萬別去埃及 ／ 邱竟竟 著
再版—臺北市：信實文化行銷，2011.10
面；　公分（What's travel；3）
ISBN: 978-986-6620-41-6 （平裝）
1.遊記 2.埃及

761.9　　　　　　　　　　100019945

What's Travel　003
千萬別去埃及

作　　　者：邱竟竟
總　編　輯：許汝紘
副總編輯：楊文玄
美　　　編：楊詠棠
行銷經理：吳京霖
發　　　行：楊伯江、許麗雪
出　　　版：信實文化行銷有限公司
地　　　址：台北市大安區忠孝東路四段 341 號 11 樓之三
電　　　話：（02）2740-3939
傳　　　真：（02）2777-1413
www.wretch.cc/ blog/ cultuspeak
http://www. cultuspeak.com.tw
E-Mail：cultuspeak@cultuspeak.com.tw
劃撥帳號：50040687 信實文化行銷有限公司

印　　　刷：彩之坊科技股份有限公司
地　　　址：新北市中和區中山路二段 323 號
電　　　話：：（02）2243-3233

總 經 銷：聯合發行股份有限公司
地　　　址：新北市新店區寶橋路 235 巷 6 弄 6 號 2 樓
電　　　話：（02）2917-8022

2005年03月 初版
2005年09月 初版二刷
2007年08月 初版三刷
2011年10月 再版

定價：新台幣320元

更多書籍介紹、活動訊息，請上網輸入關鍵字　華滋出版　搜尋　或　高談文化　搜尋